Apprendre a dessiner

des personnages mignons

Barbara Press

CE LIVRE APPARTIENT À:

....

....

des personnages mignons

Comment utiliser ce livre, Tout ce dont vous avez besoin pour commencer est un morceau de papier, un crayon et une gomme, mais n'hésitez pas à utiliser n'importe quel outil pour dessiner les personnages les plus mignons et vous pourrez les nommer après les avoir dessinés dans les pages de formation.

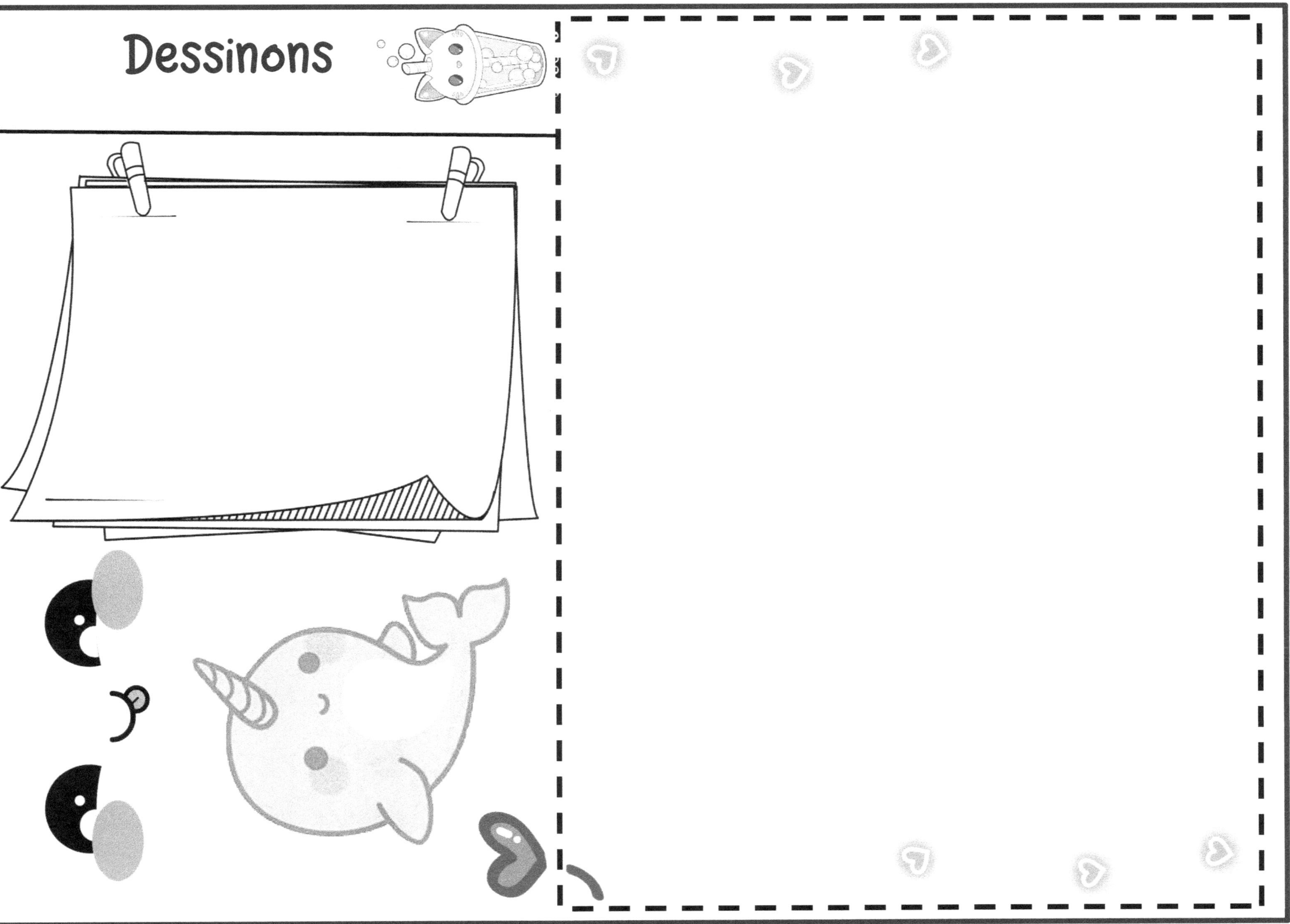

Dessinons

Dessinons

Dessinons

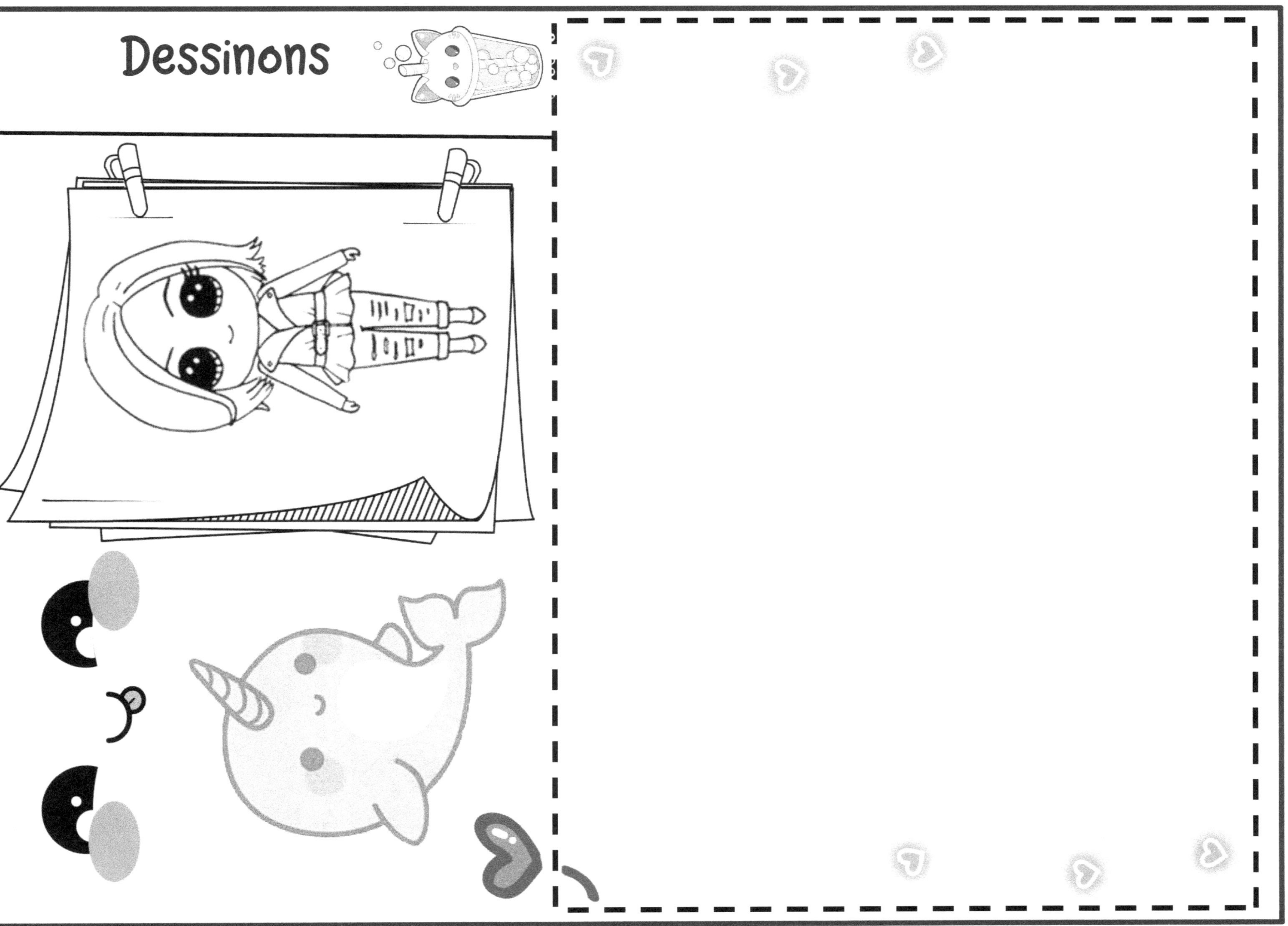

1
2
3
4
5
6
7
8
9
10

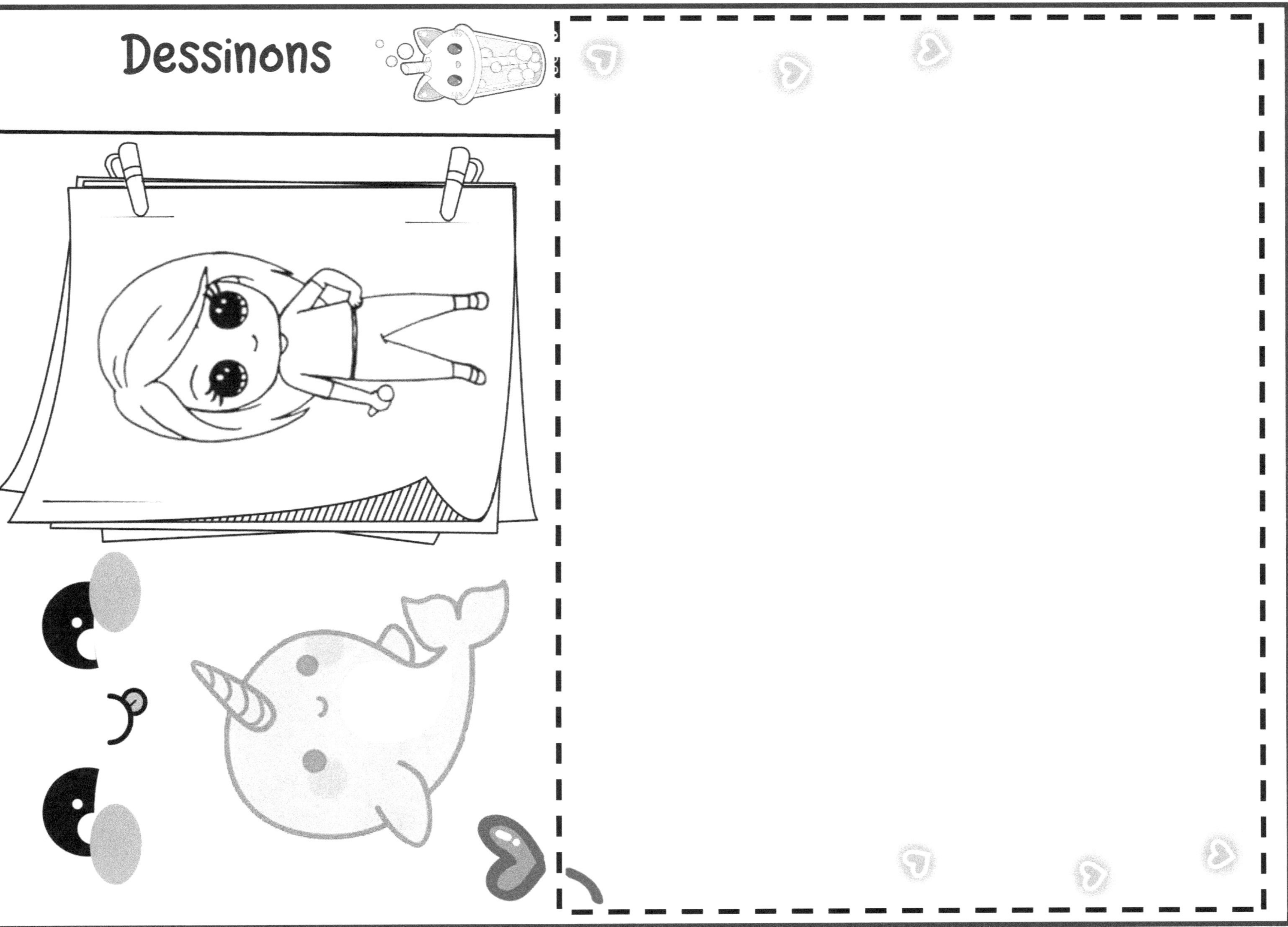

Dessinons

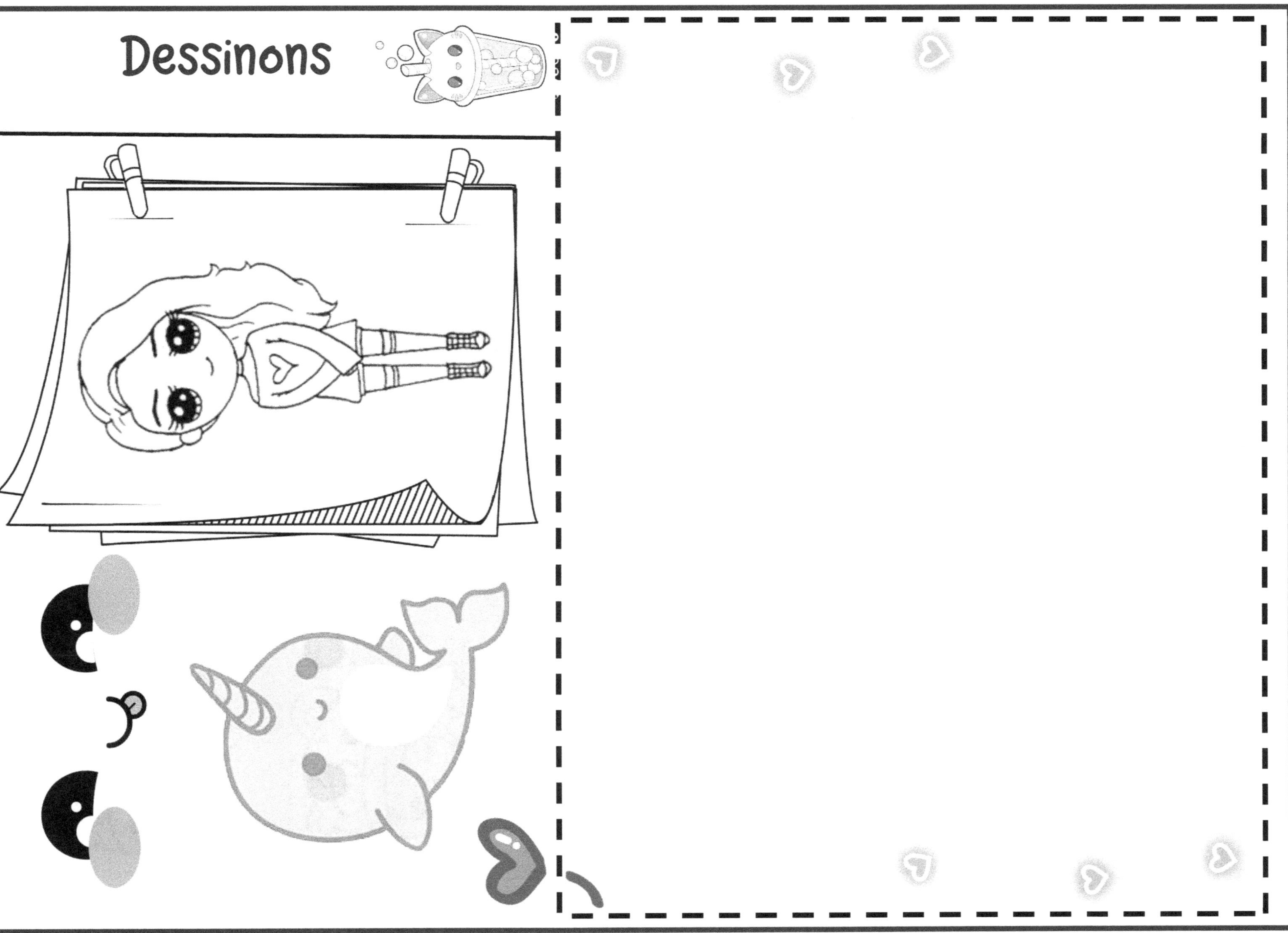

Dessinons

1
2
3
4
5
6
7
8
9
10

Dessinons

Dessinons

1
2
3
4
5
6
7
8
9
10

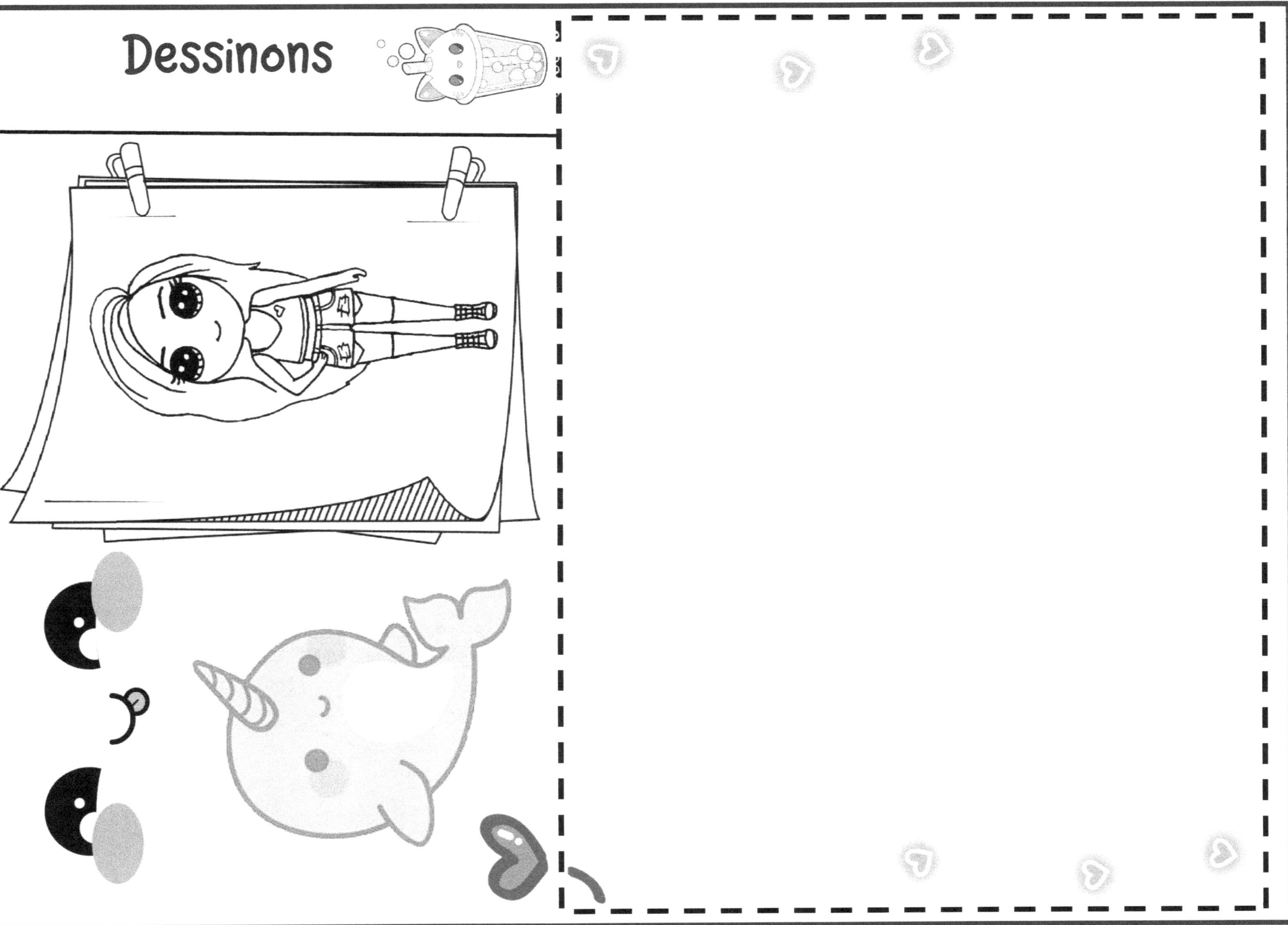
Dessinons

1
2
3
4
5
6
7
8
9
10

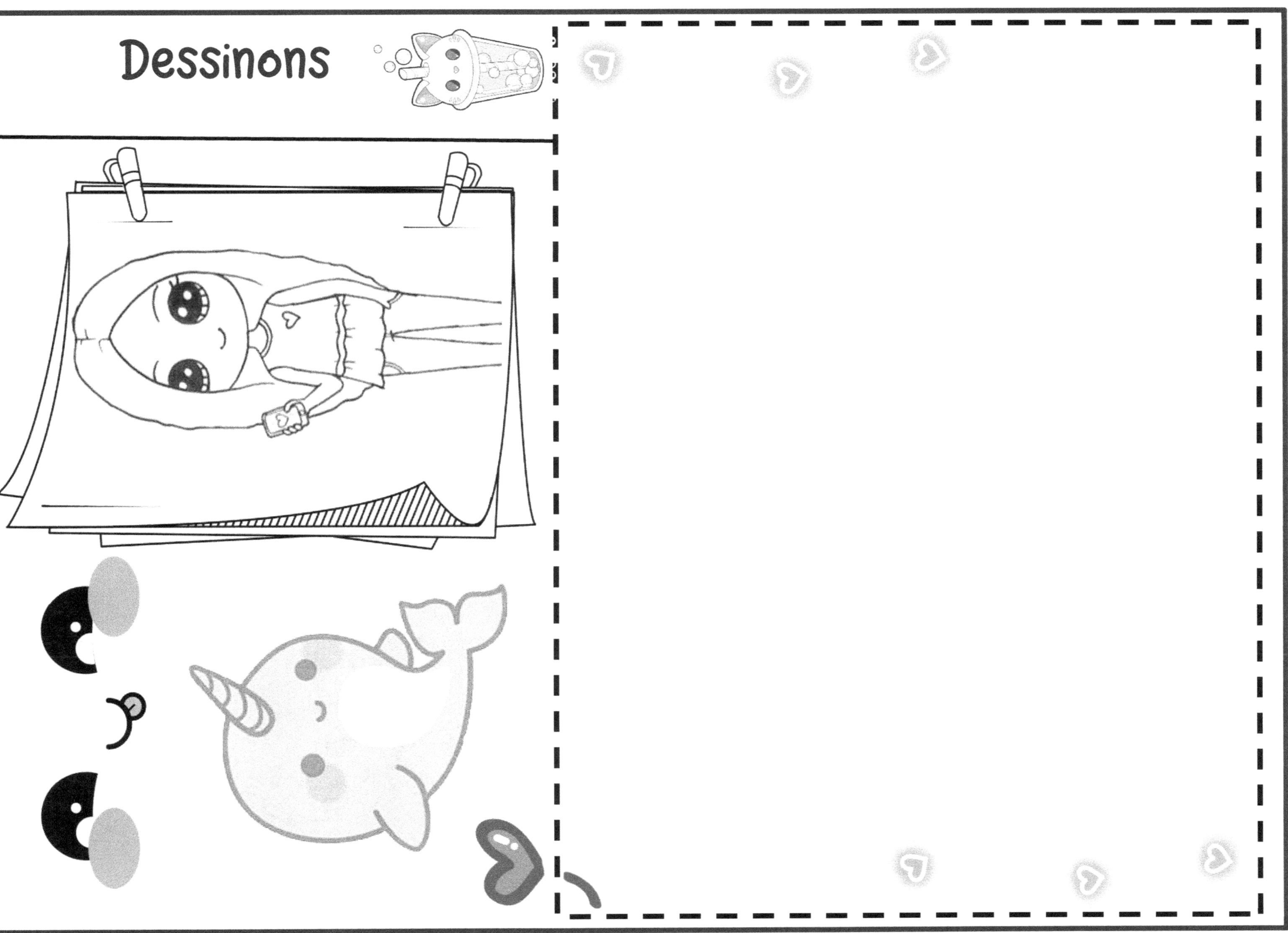

Dessinons

1
2
3
4
5
6
7
8
9
10

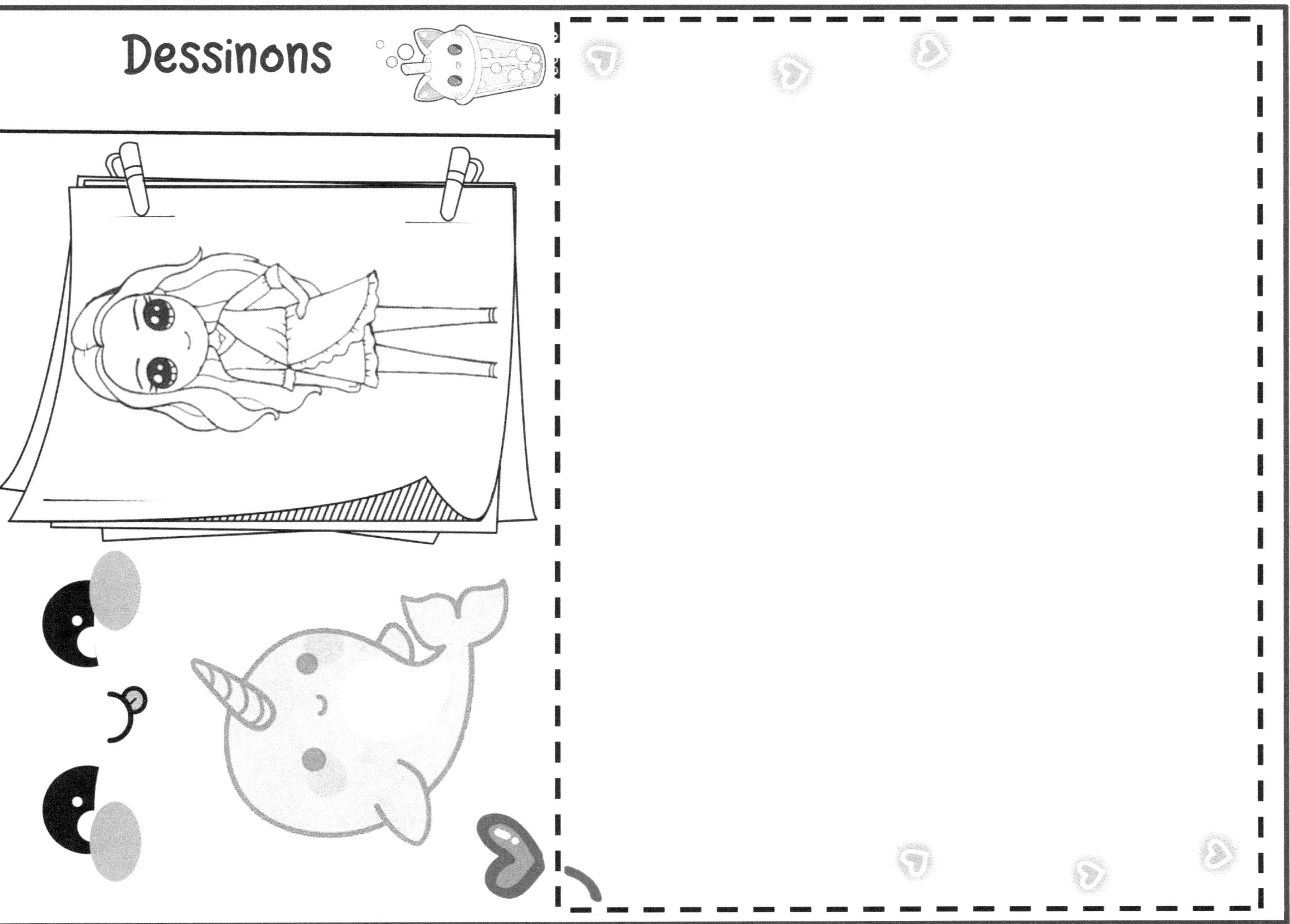
Dessinons

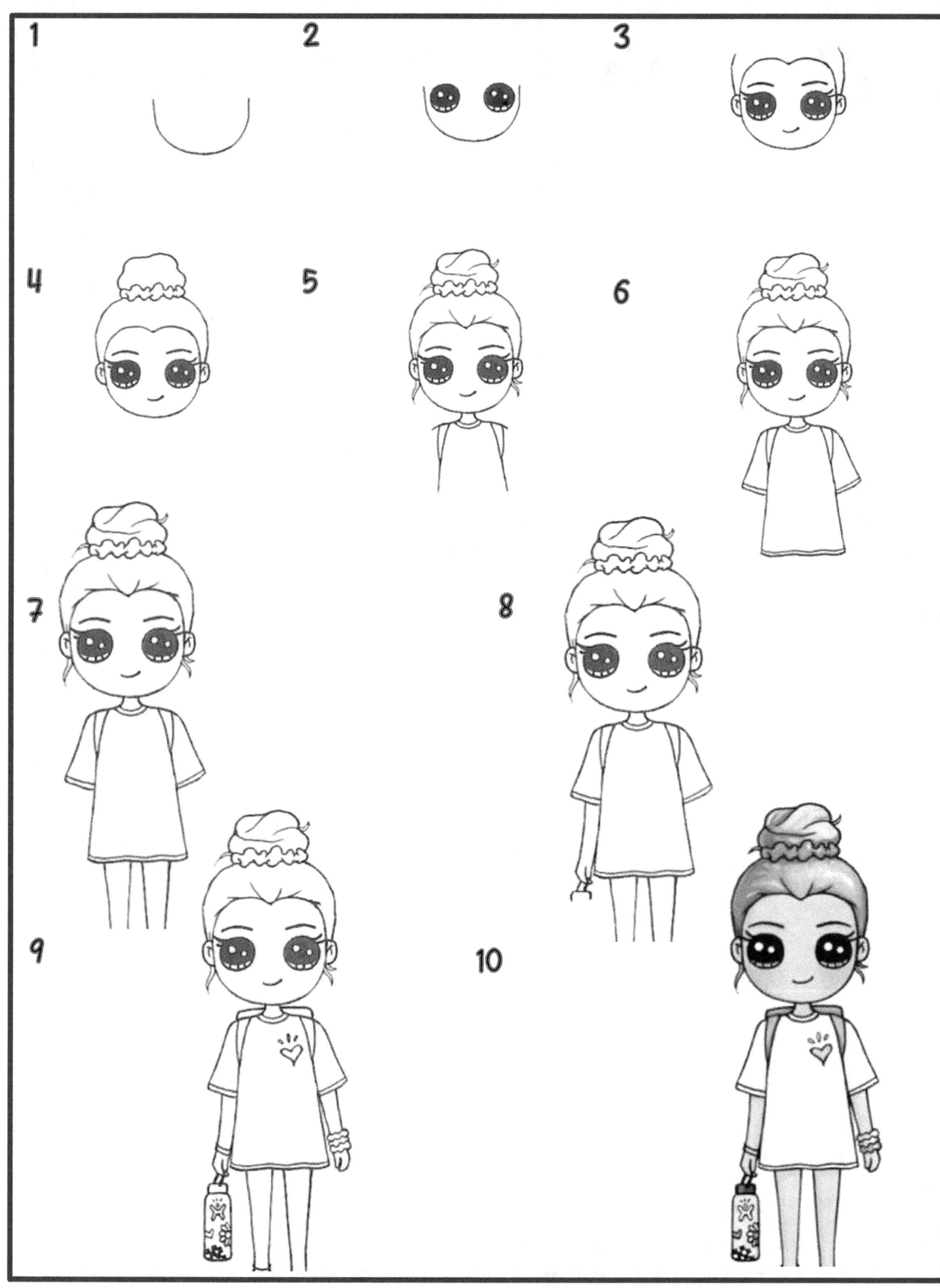
1
2
3
4
5
6
7
8
9
10

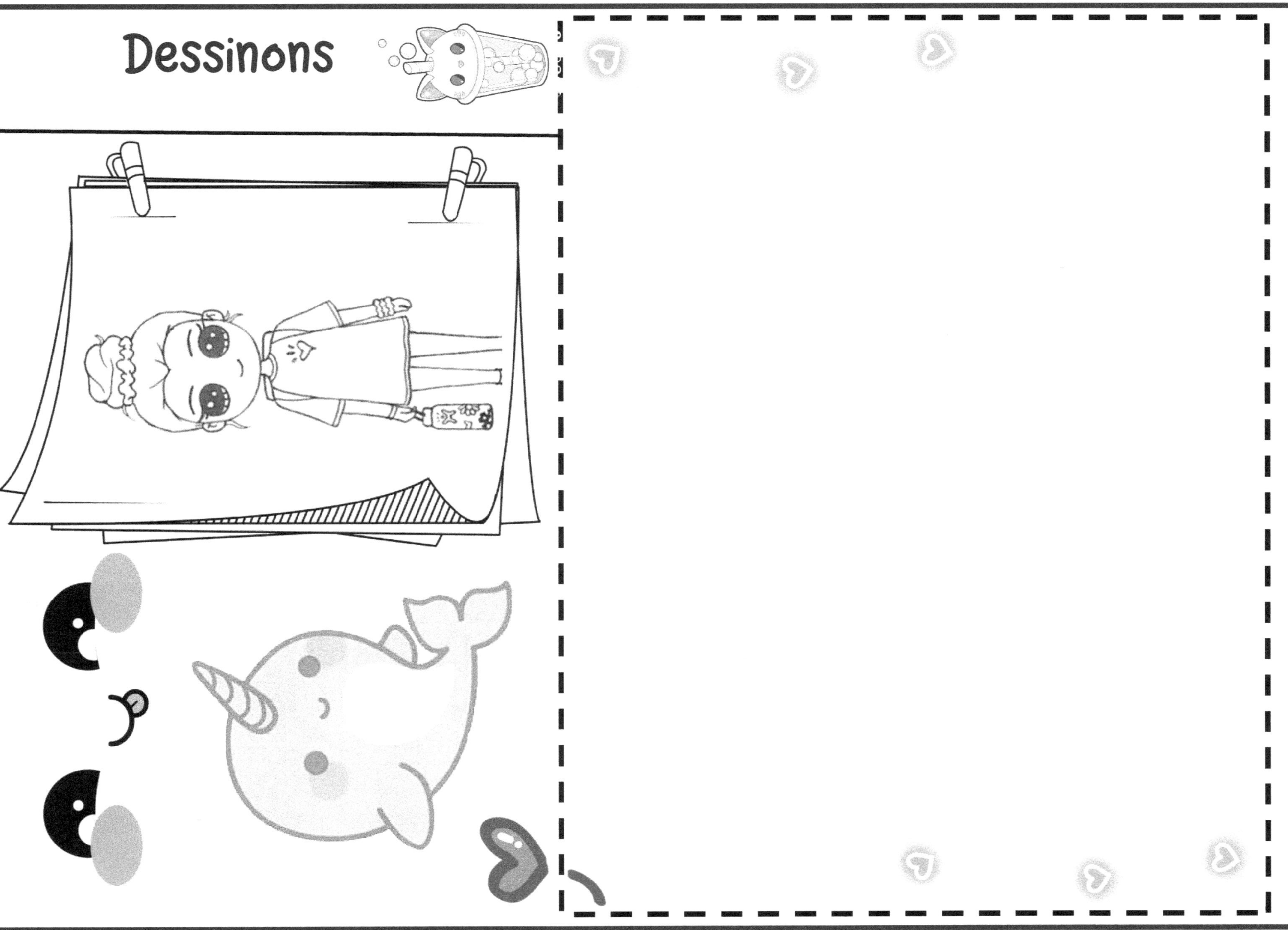

Dessinons

1
2
3
4
5
6
7
8
9
10

Dessinons

1
2
3
4
5
6
7
8
9
10

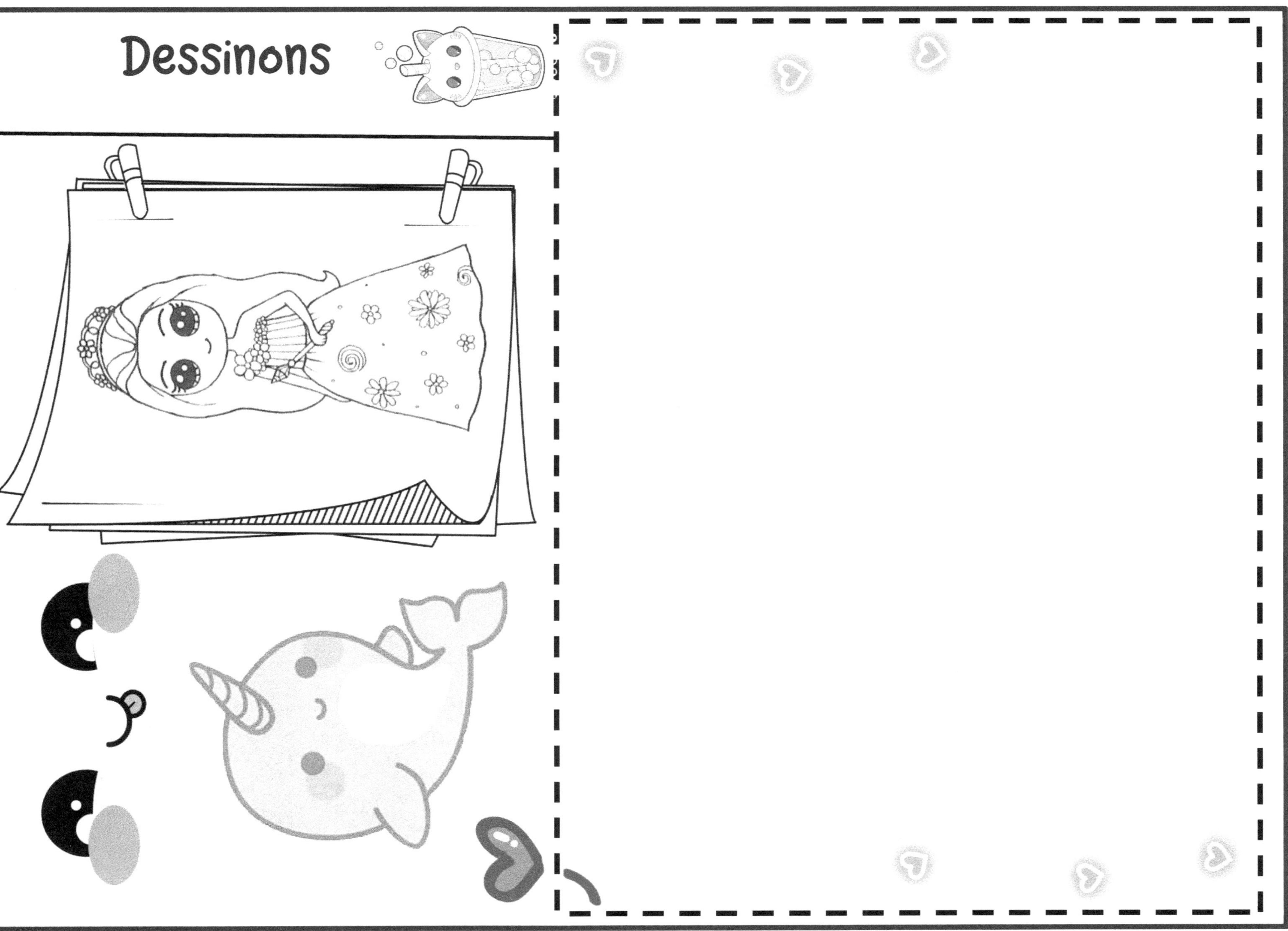
Dessinons

1
2
3
4
5
6
7
8
9
10

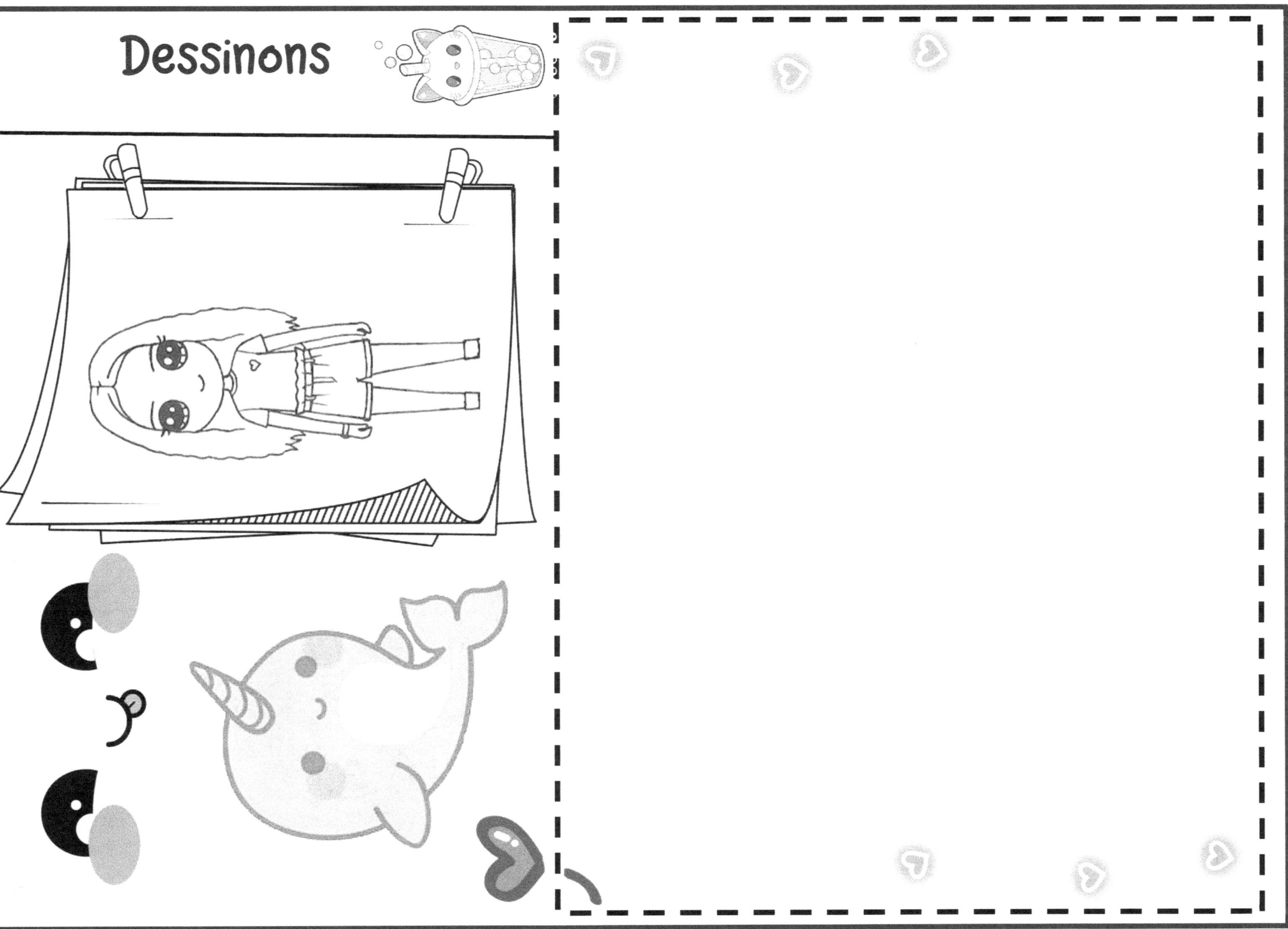

Dessinons

1
2
3
4
5
6
7
8
9
10

Dessinons

1
2
3
4
5
6
7
8
9
10

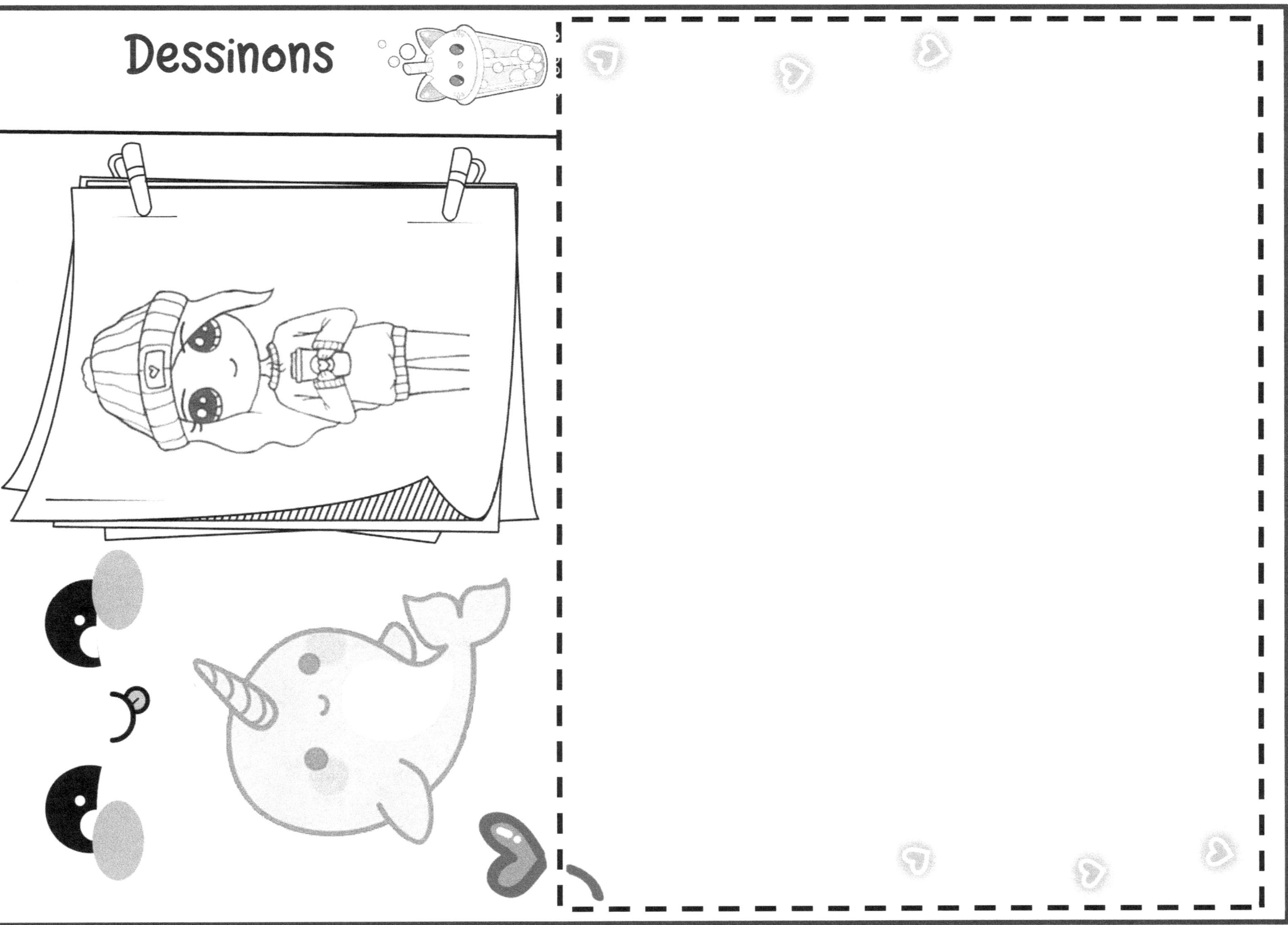

Dessinons

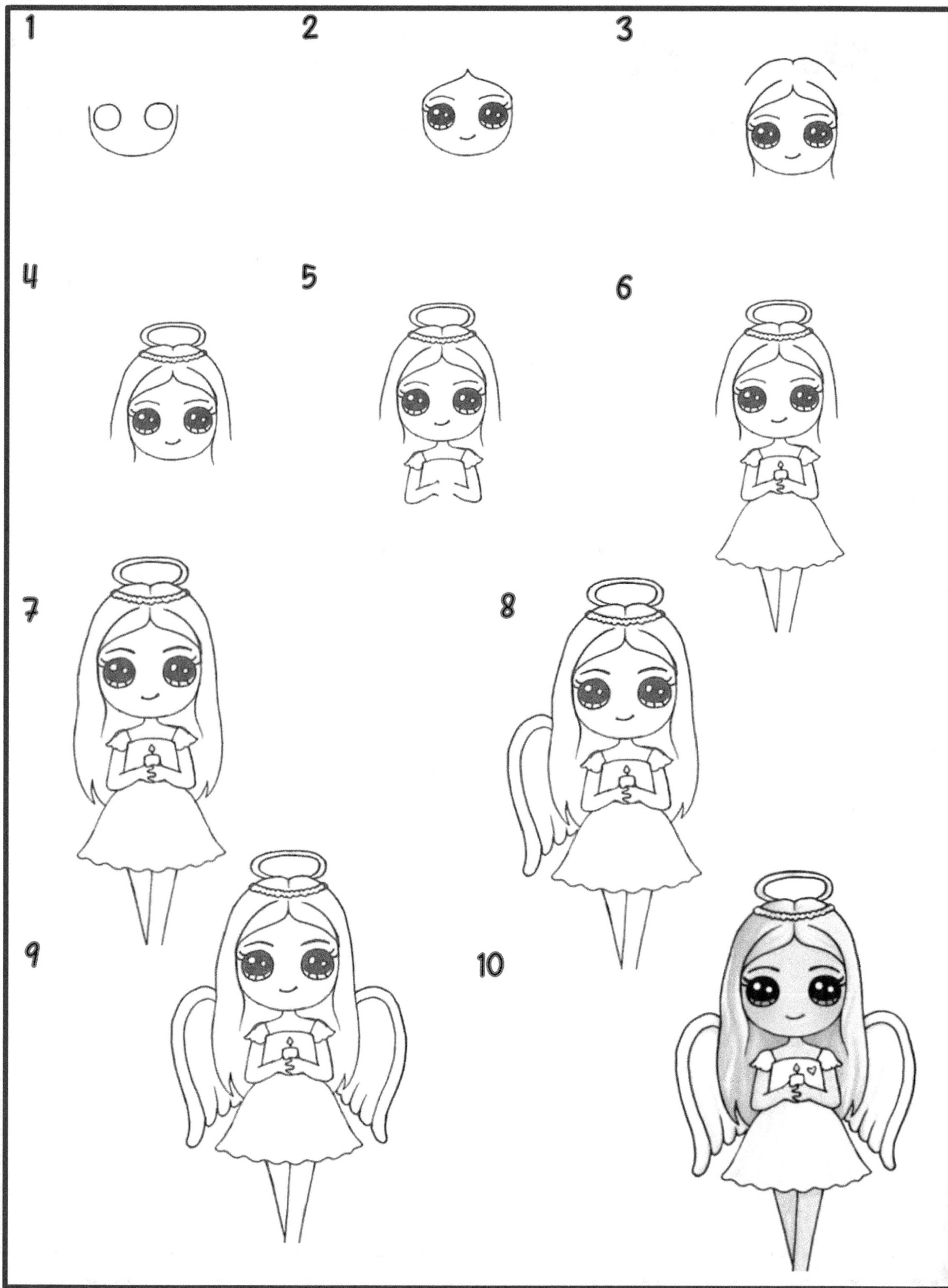

1
2
3
4
5
6
7
8
9
10

Dessinons

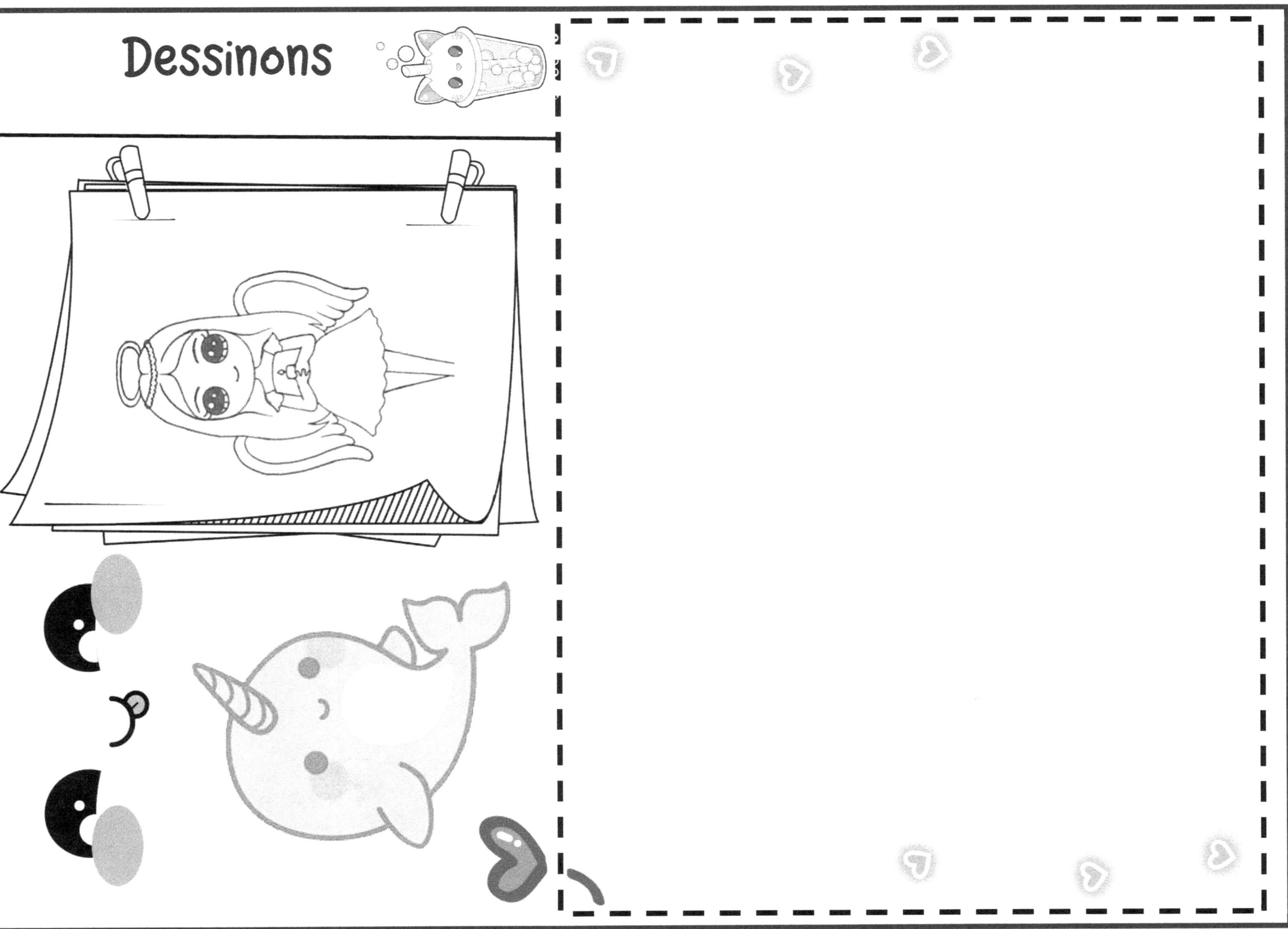

1
2
3
4
5
6
7
8
9
10

Dessinons

1
2
3
4
5
6
7
8
9
10

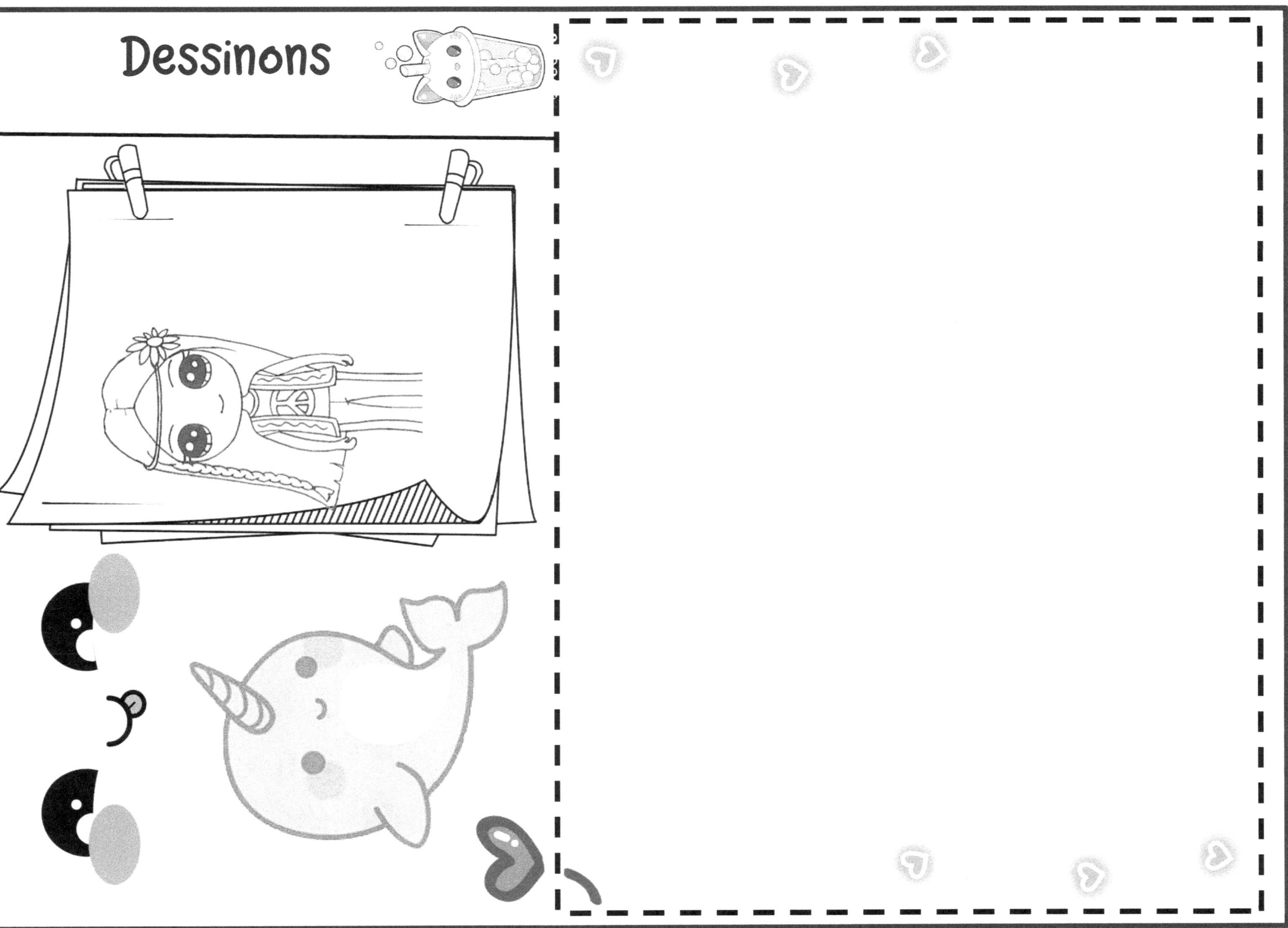

Dessinons

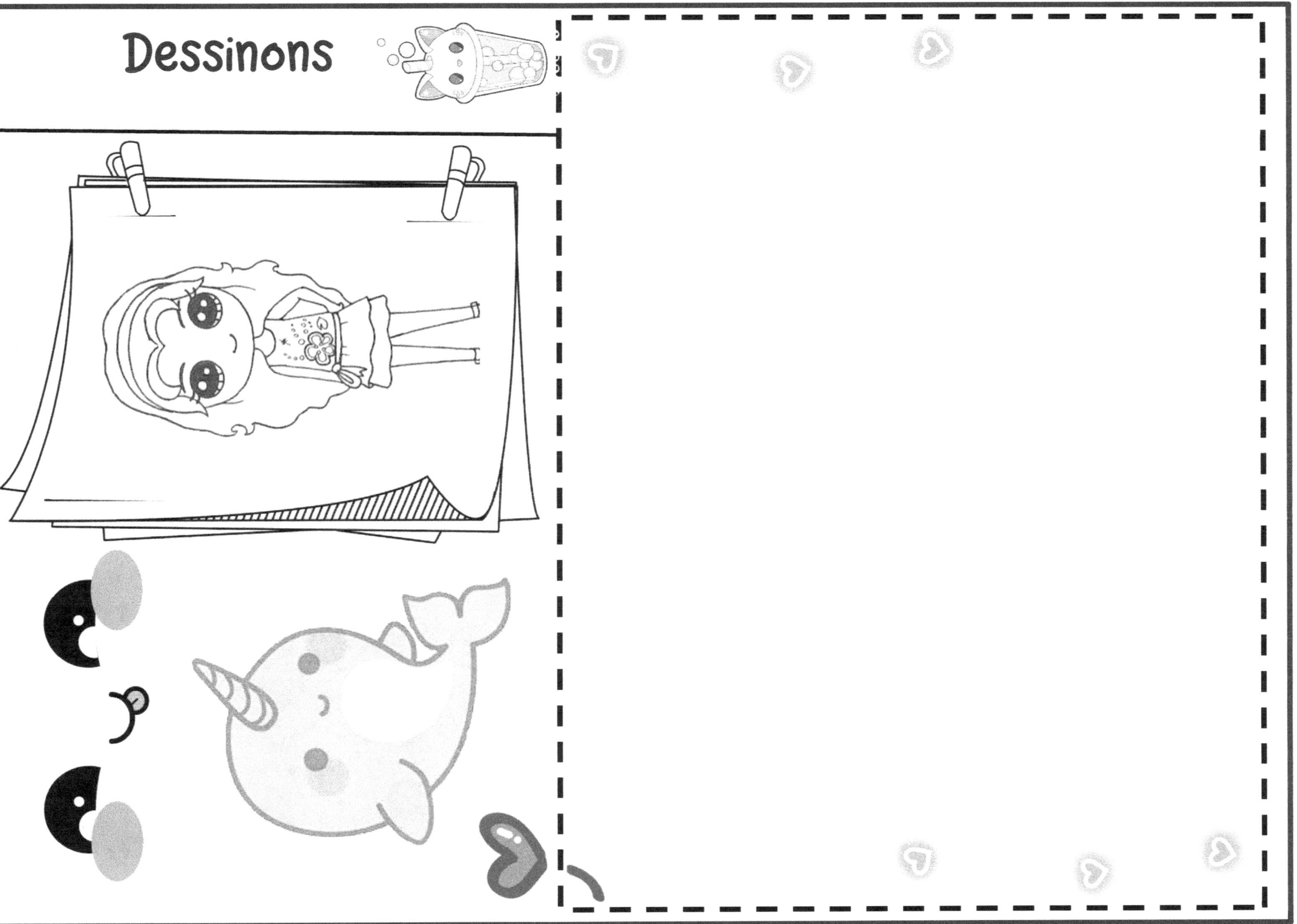
Dessinons

Dessinons

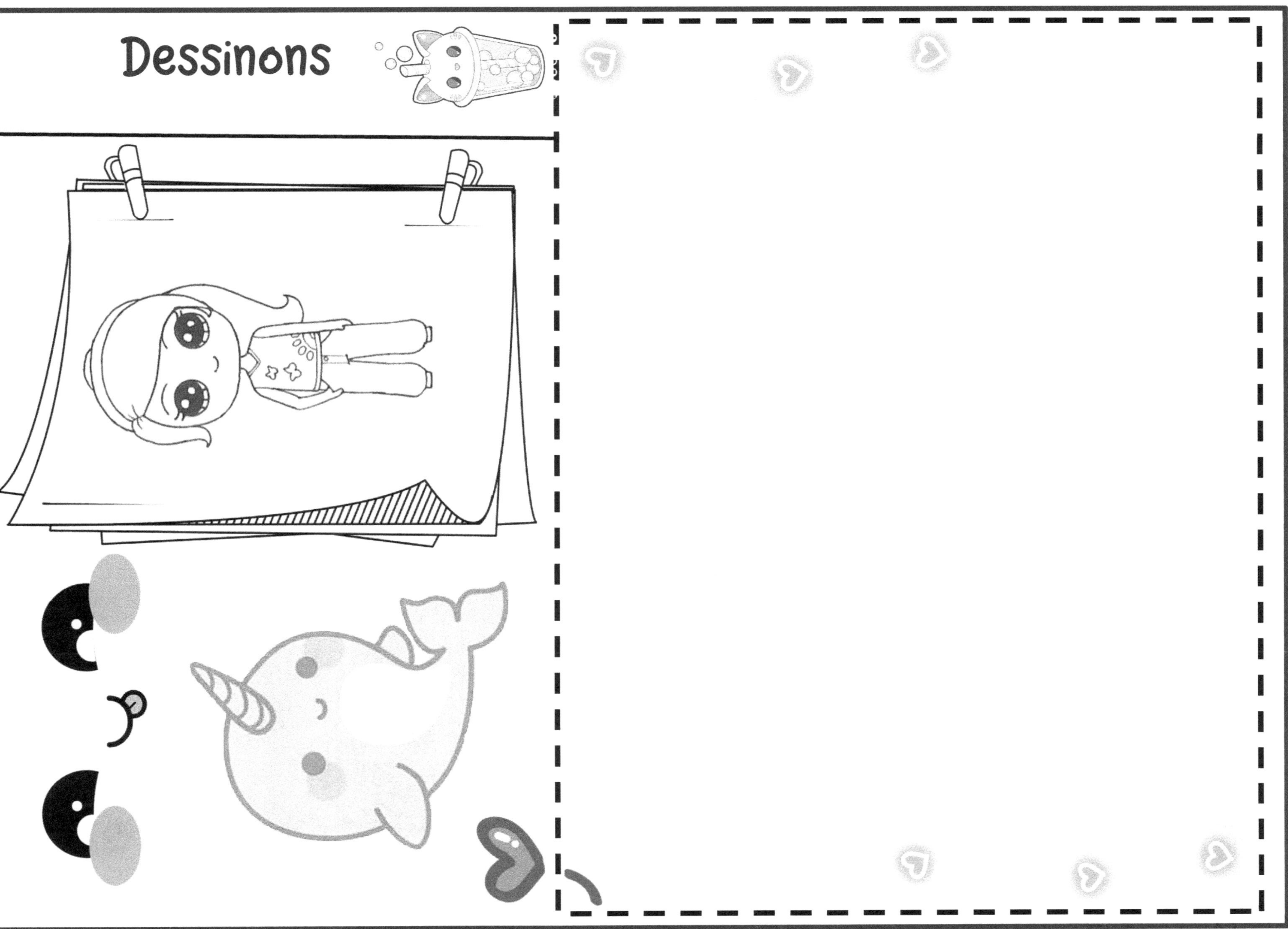

1

2

3

4

5

6

7

8

9

10

Dessinons

1
2
3
4
5
6
7
8
9
10

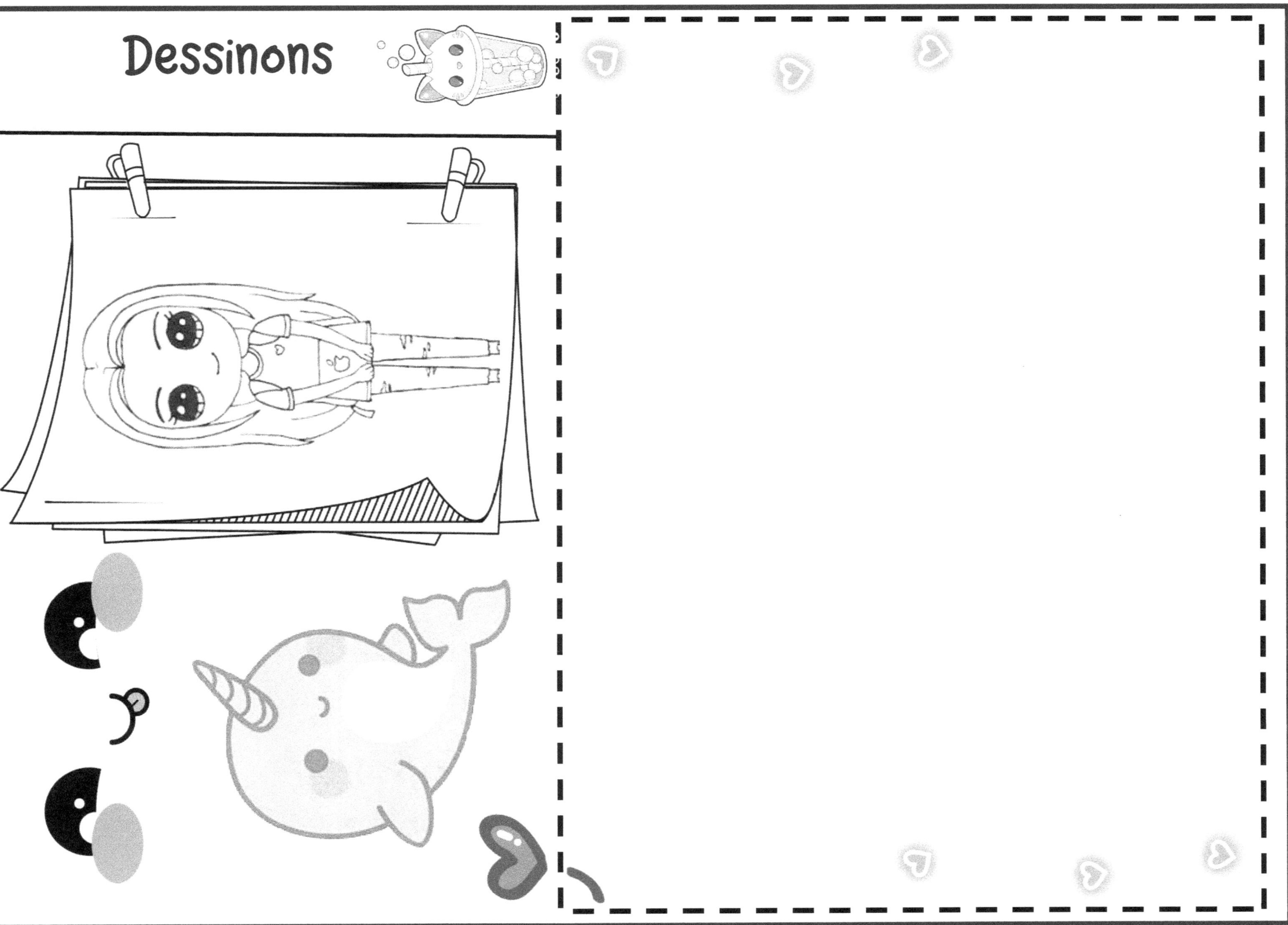

Dessinons

1

2

3

4

5

6

7

8

9

10

Dessinons

1
2
3
4
5
6
7
8
9
10
DSC

Dessinons

Dessinons

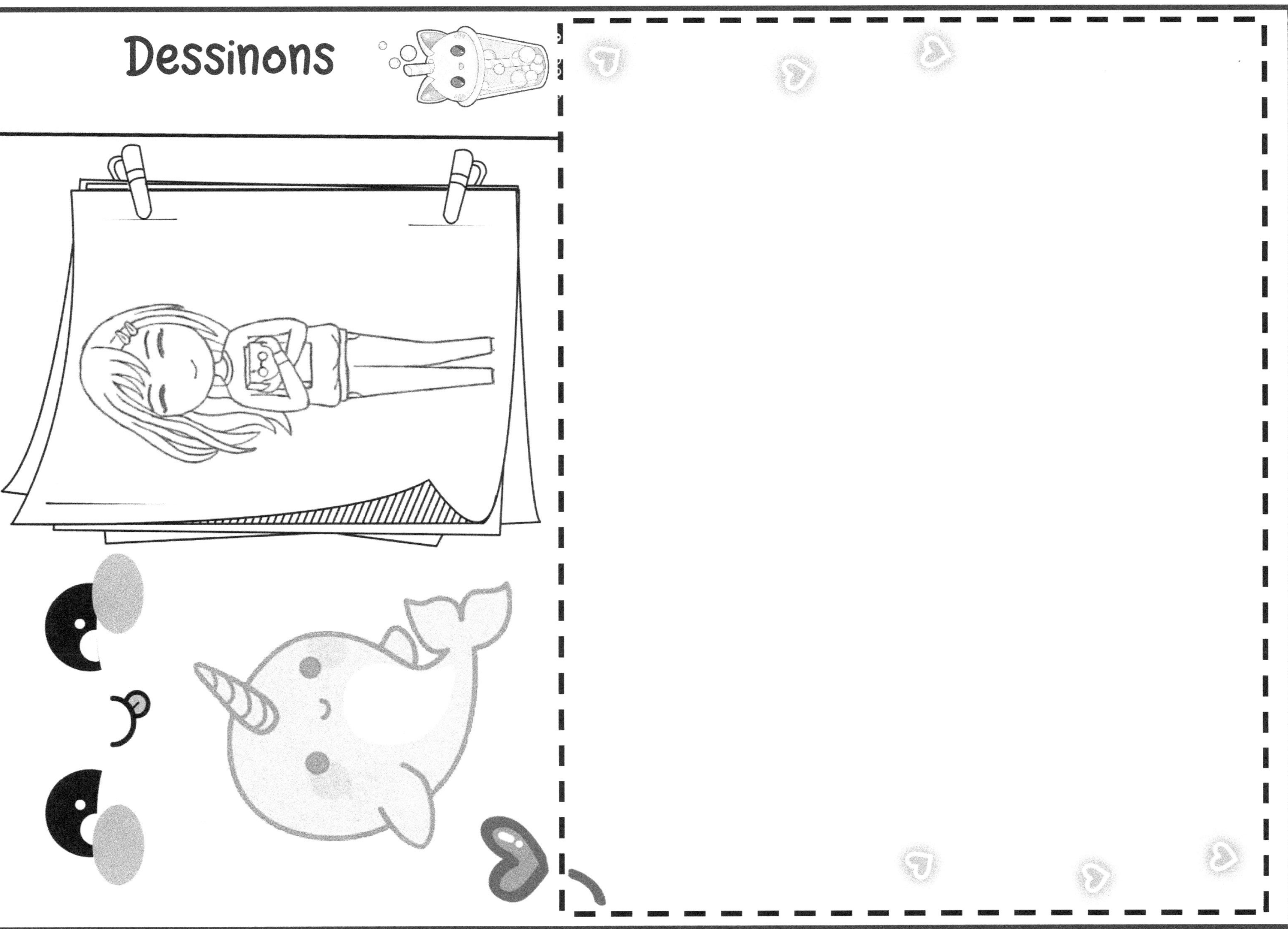

Dessinons

1
2
3
4
5
6
7
8
9
10

Dessinons

Dessinons

Dessinons

1
2
3
4
5
6
7
8
9
10

Dessinons

1
2
3
4
5
6
7
8
9
10

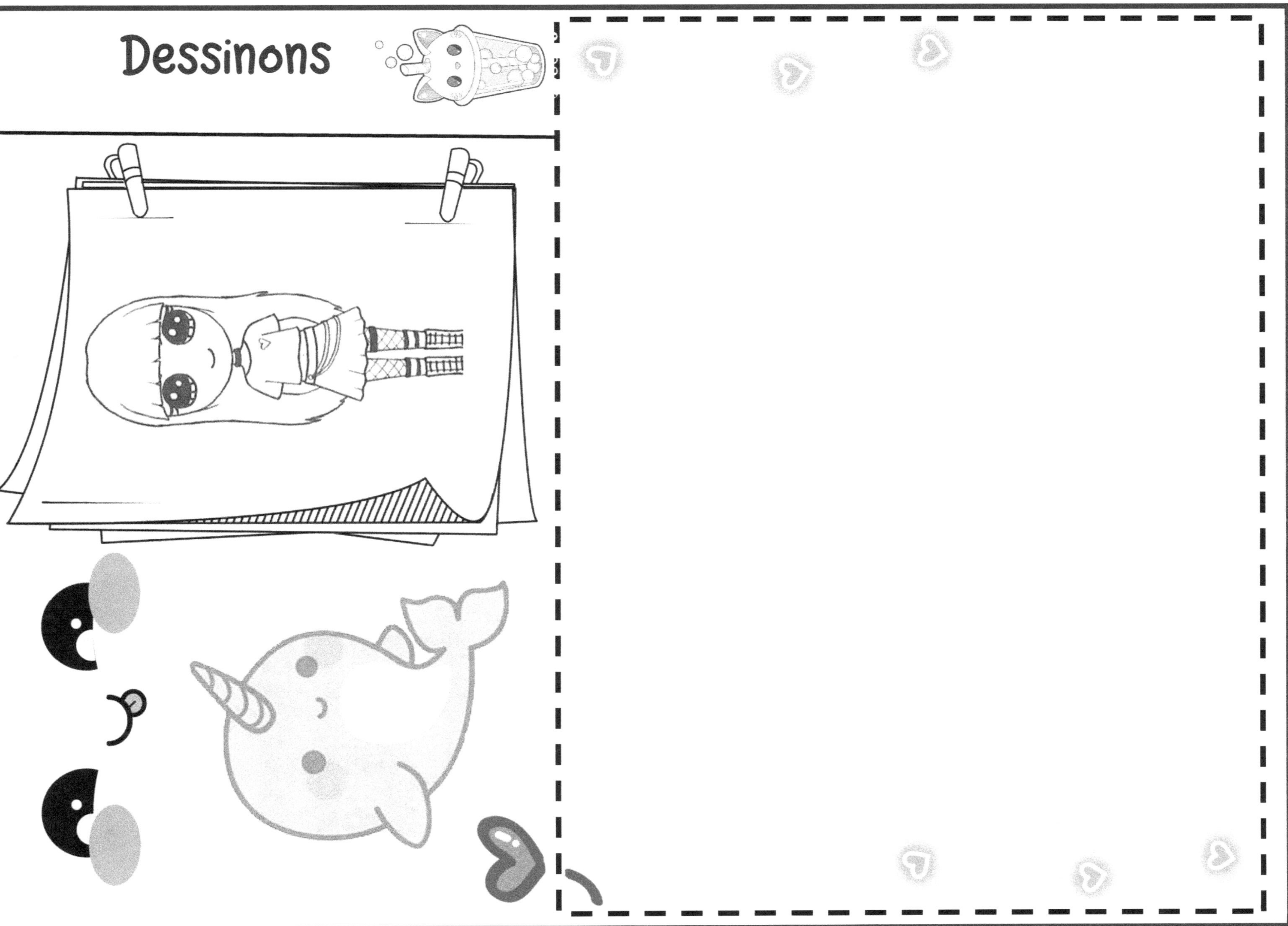
Dessinons

1

2

3

4

5

6

7

8

9

10

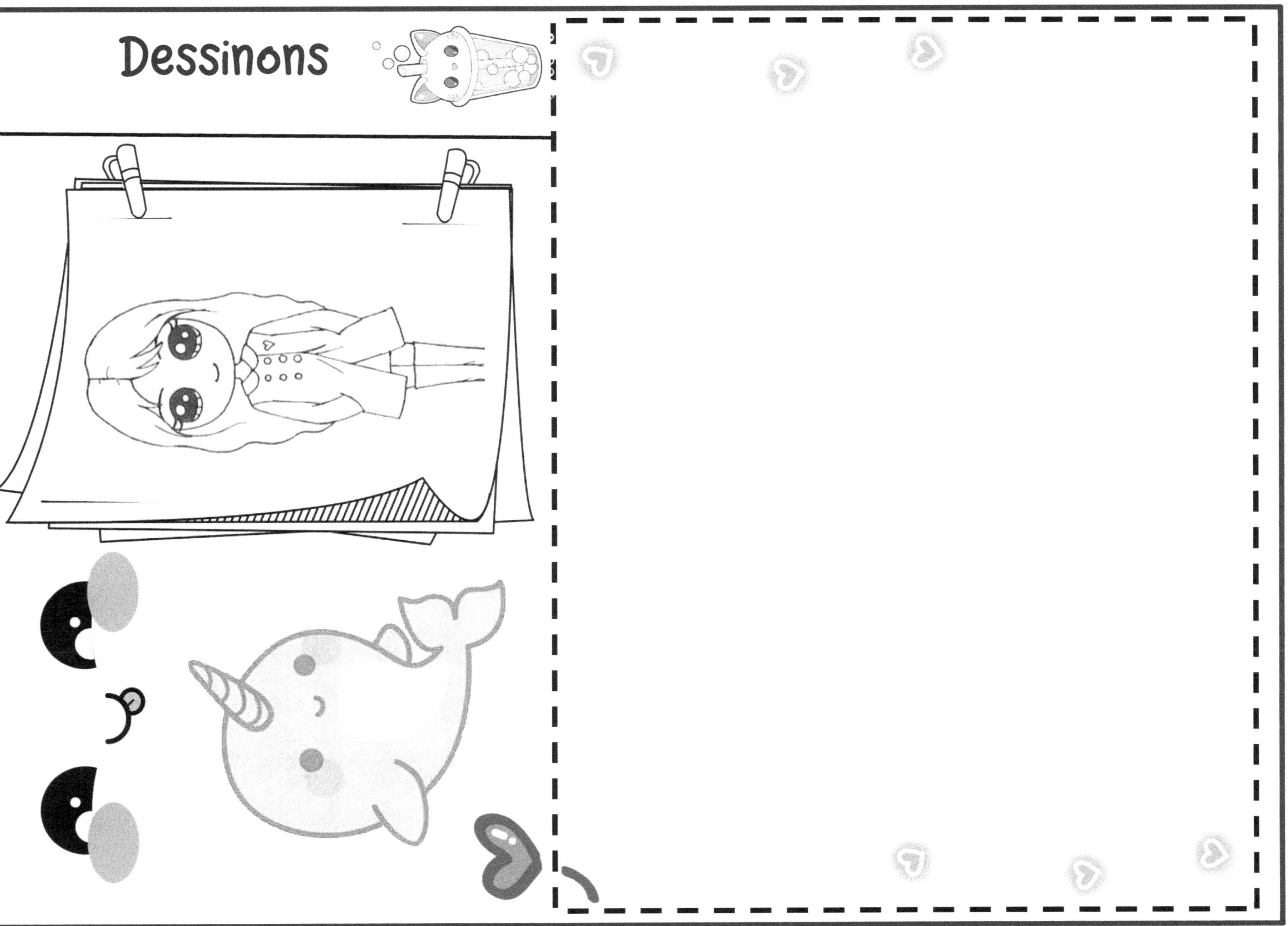

Dessinons

1
2
3
4
5
6
7
8
9
10

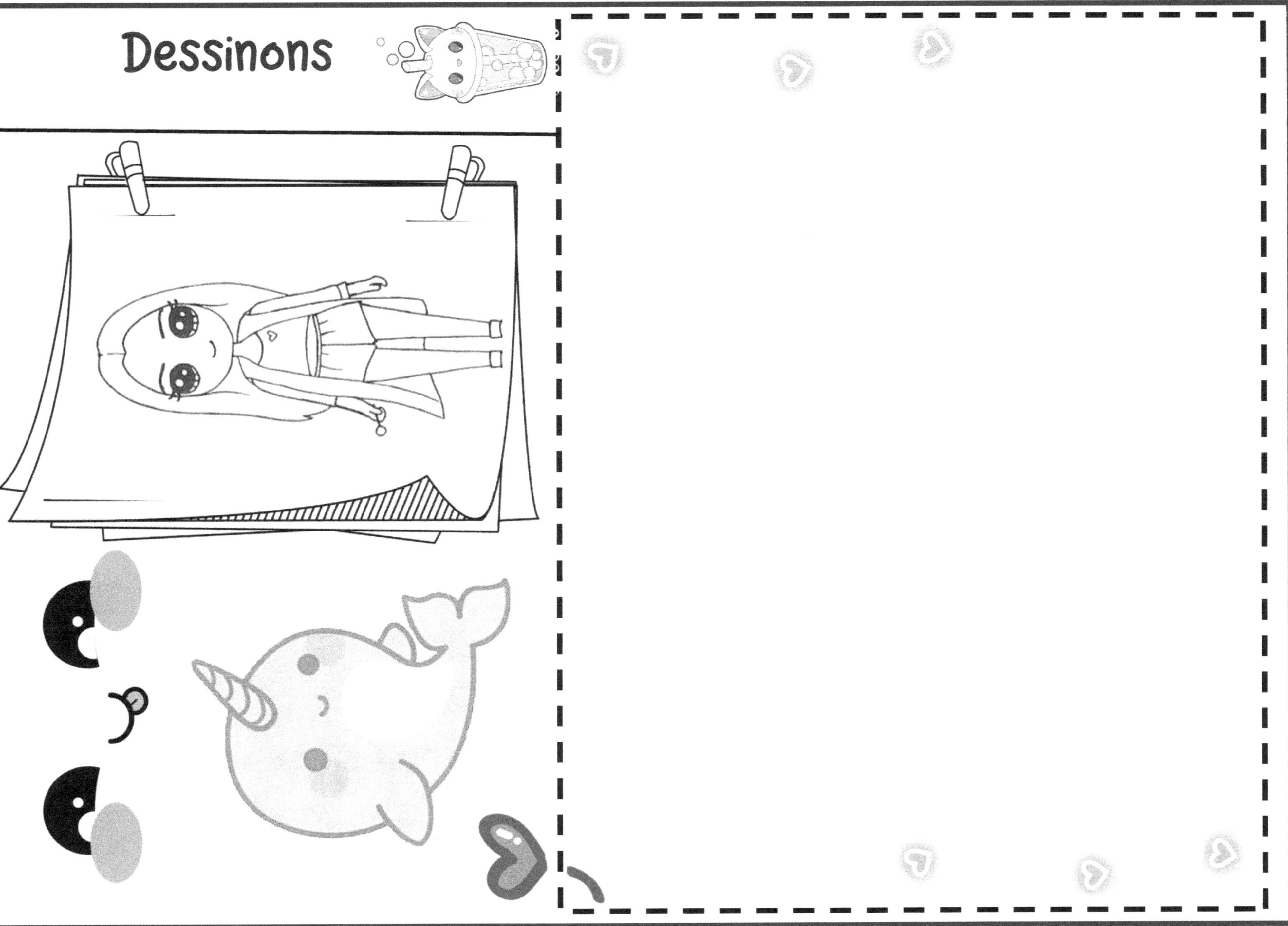

Dessinons

1
2
3
4
5
6
7
8
9
10

Dessinons

1
2
3
4
5
6
7
8
9
10

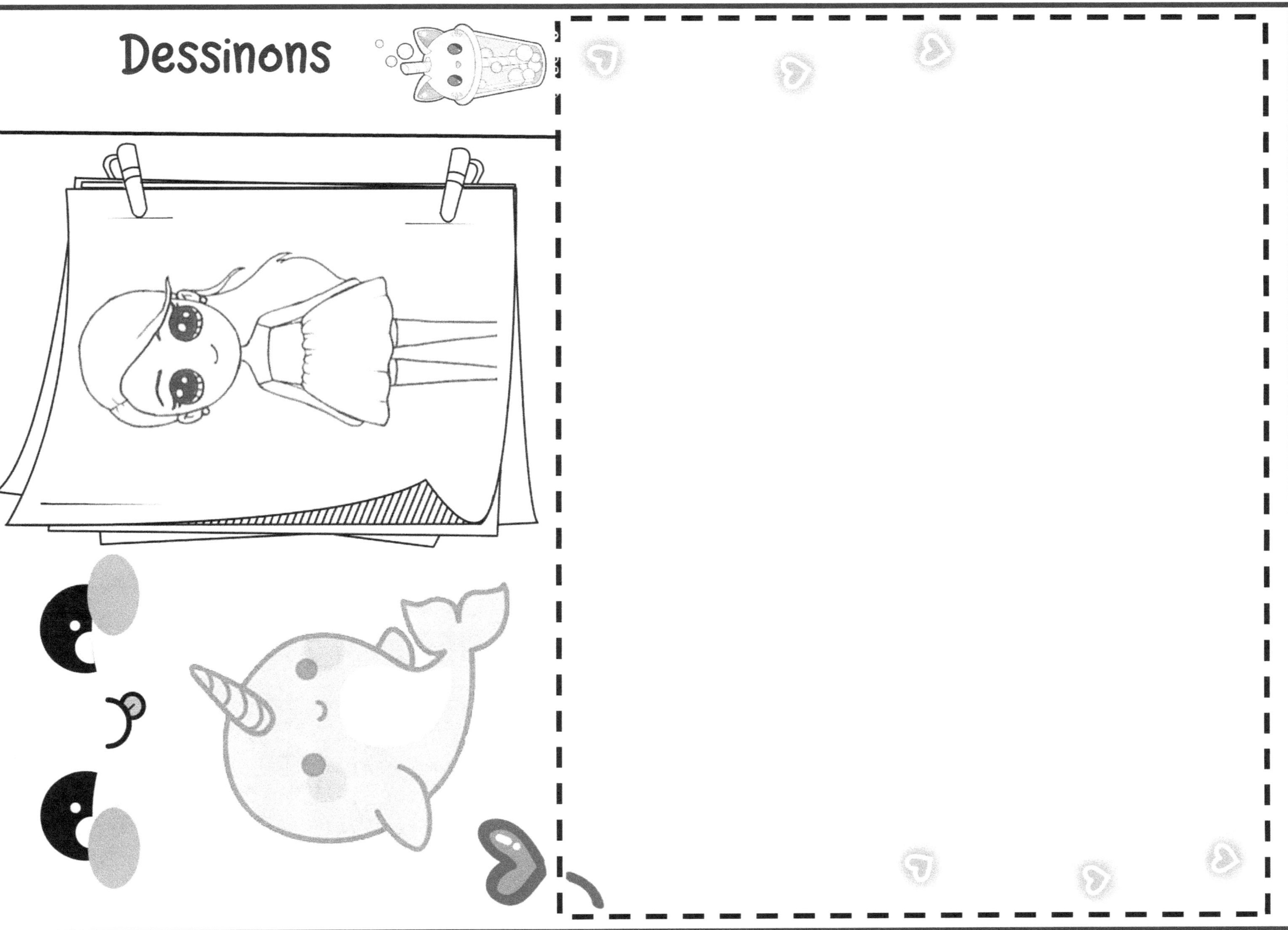

Dessinons

1
2
3
4
5
6
7
8
9
10

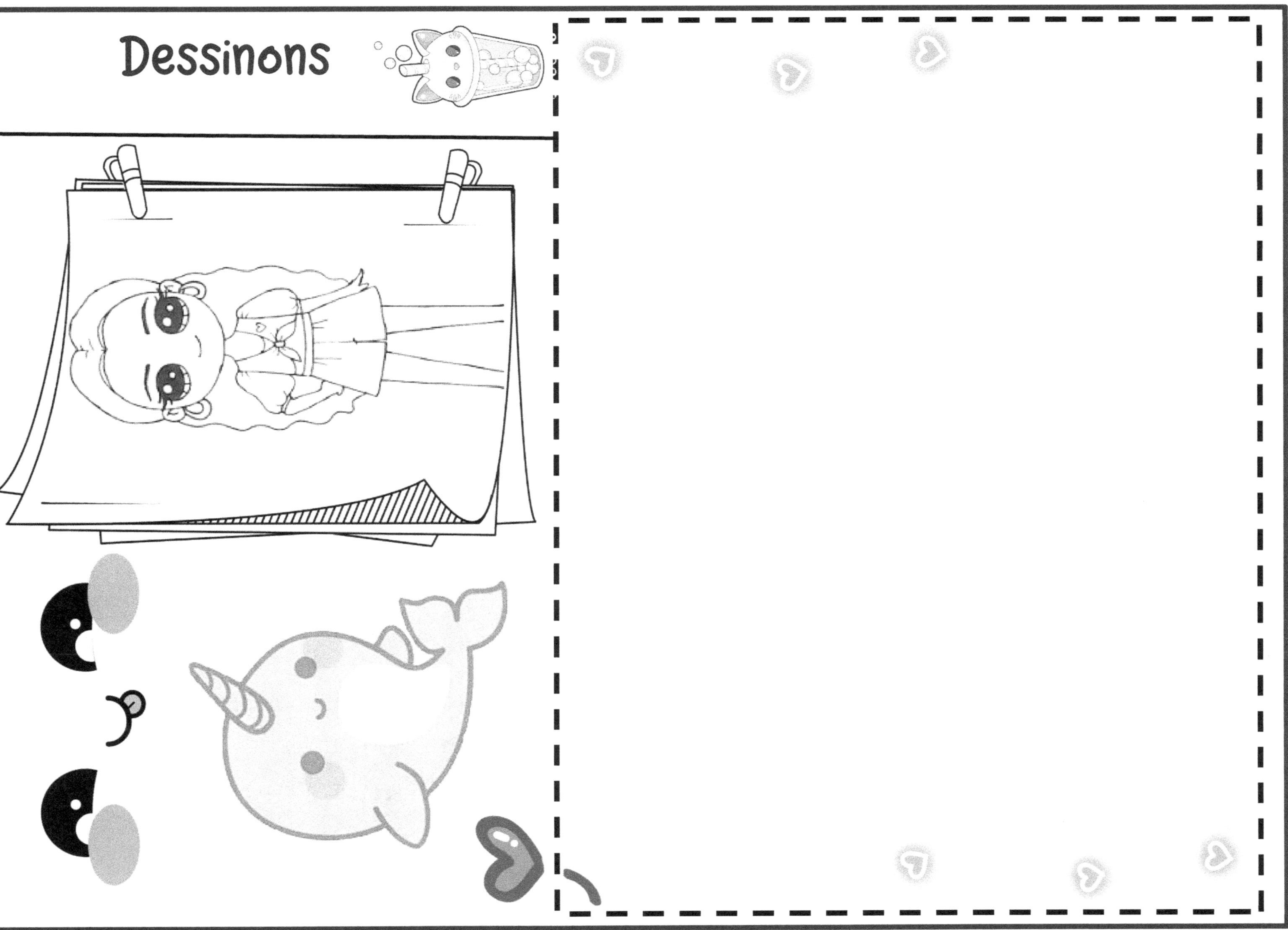
Dessinons

1
2
3
4
5
6
7
8
9
10

Dessinons

1
2
3
4
5
6
7
8
9
10

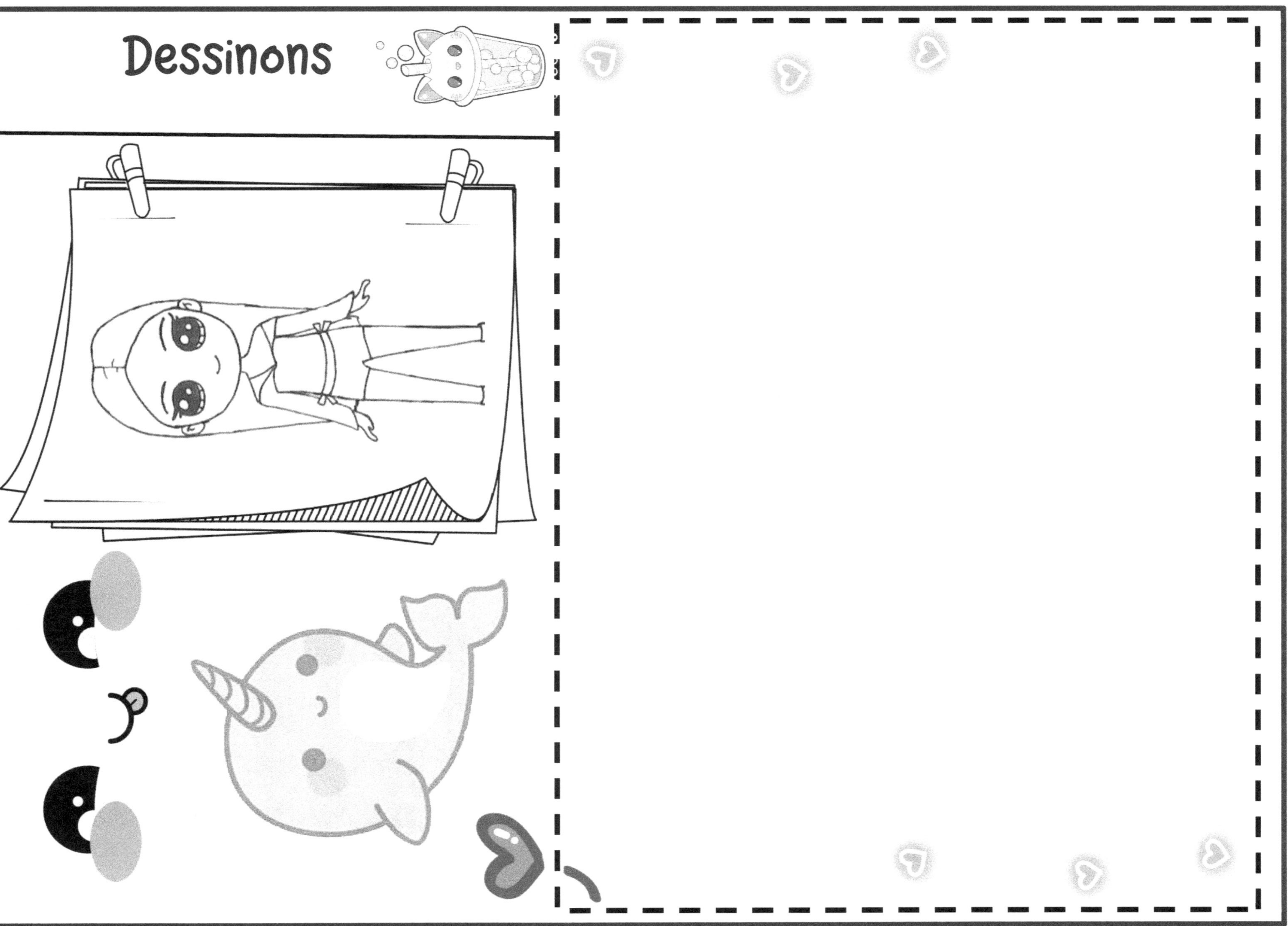

Dessinons

1
2
3
4
5
6
7
8
9
10

Dessinons

1
2
3
4
5
6
7
8
9
10

Dessinons

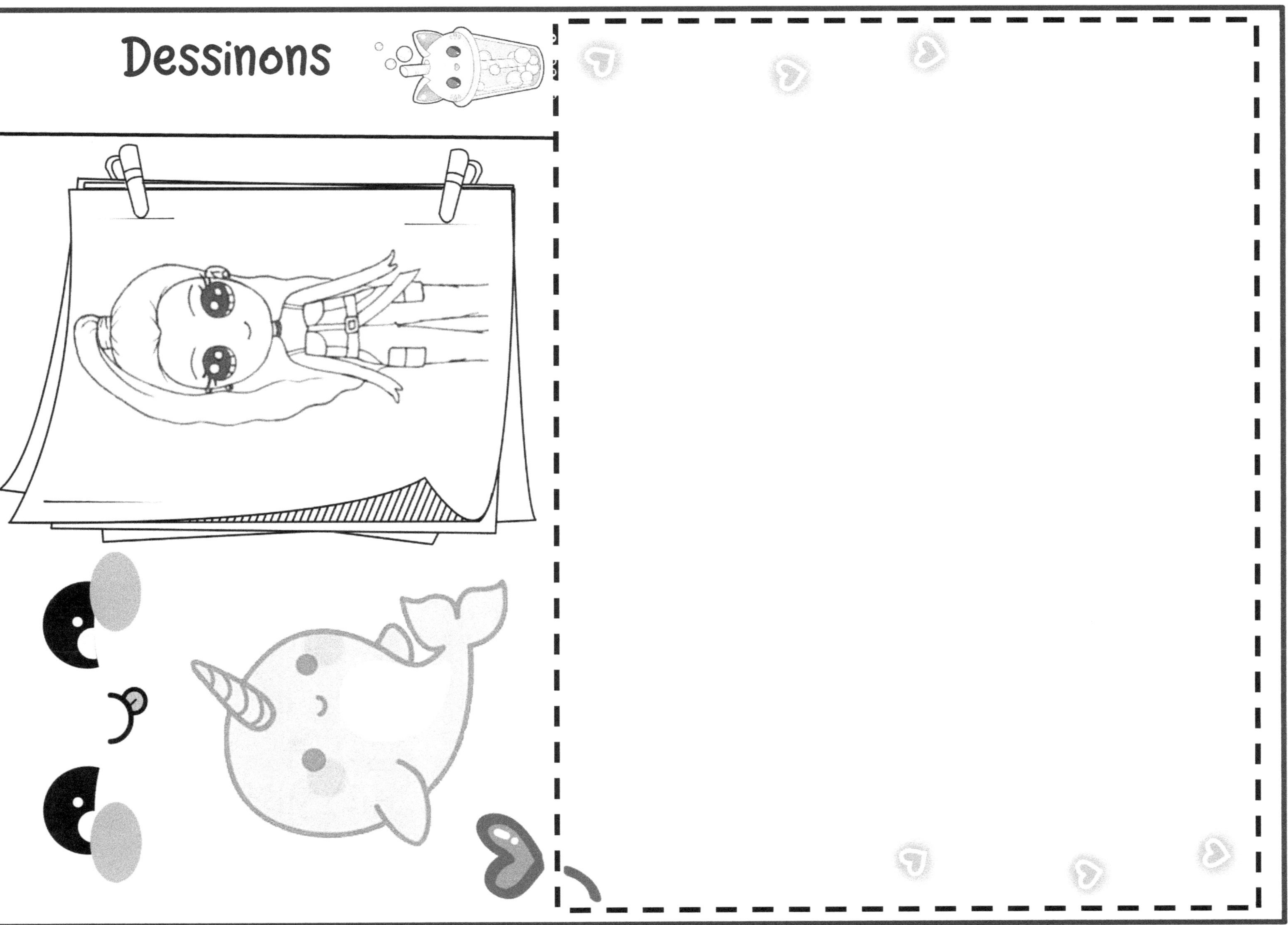

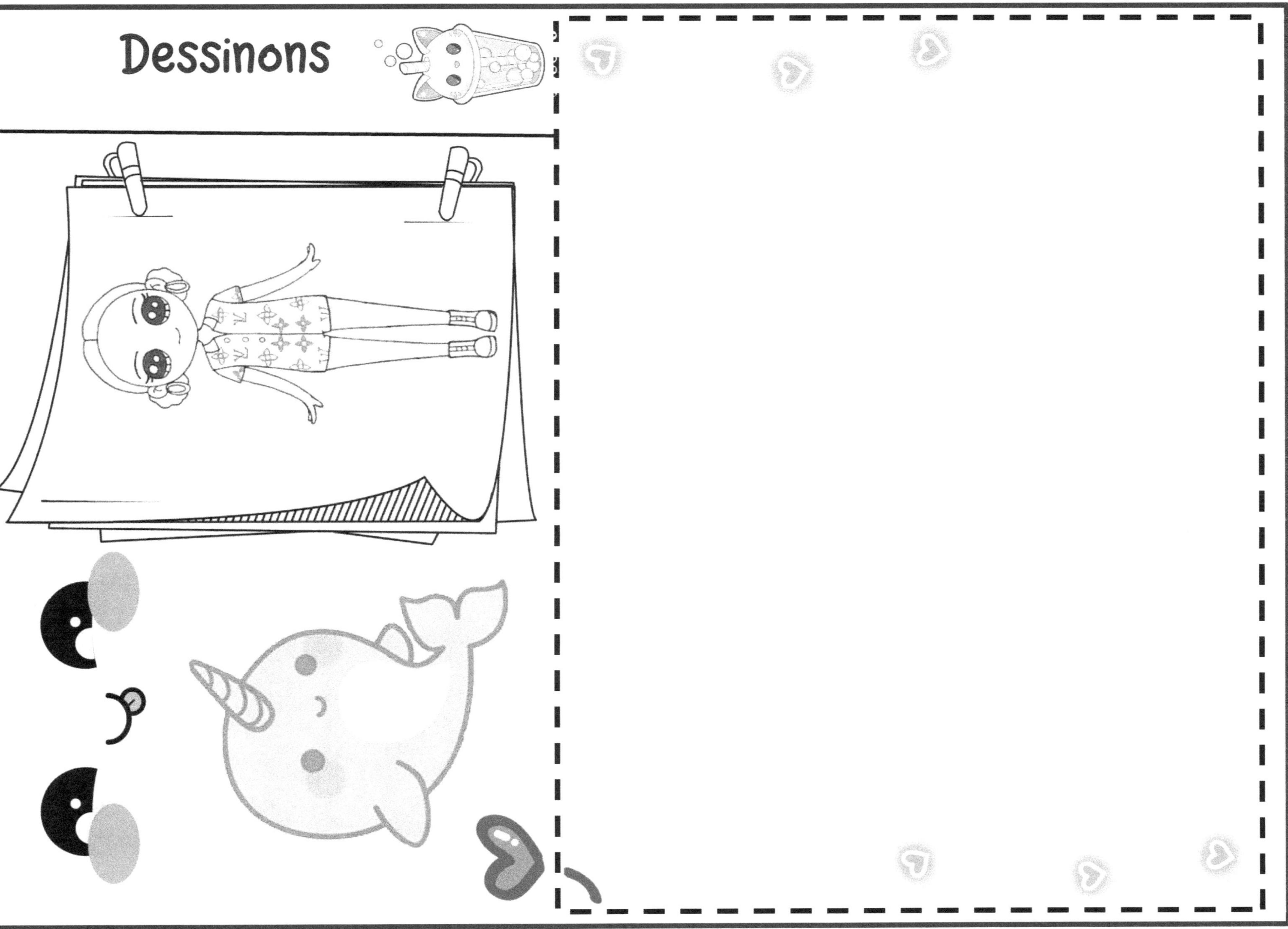

Dessinons

1
2
3
4
5
6
7
8
9
10

Dessinons

1
2
3
4
5
6
7
8
9
10
LALISA

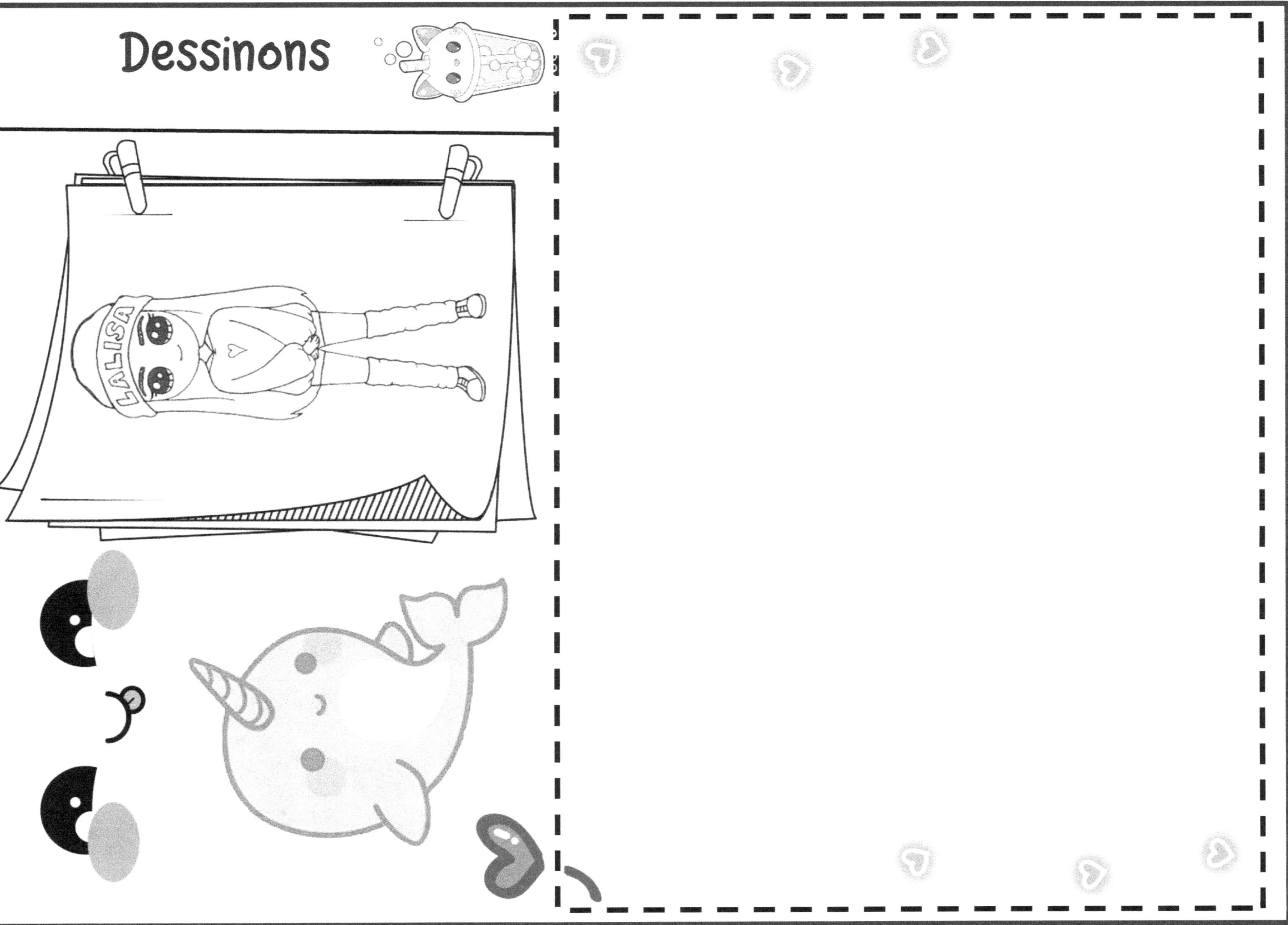
Dessinons
LALISA

1
2
3
4
5
6
7
8
9
10

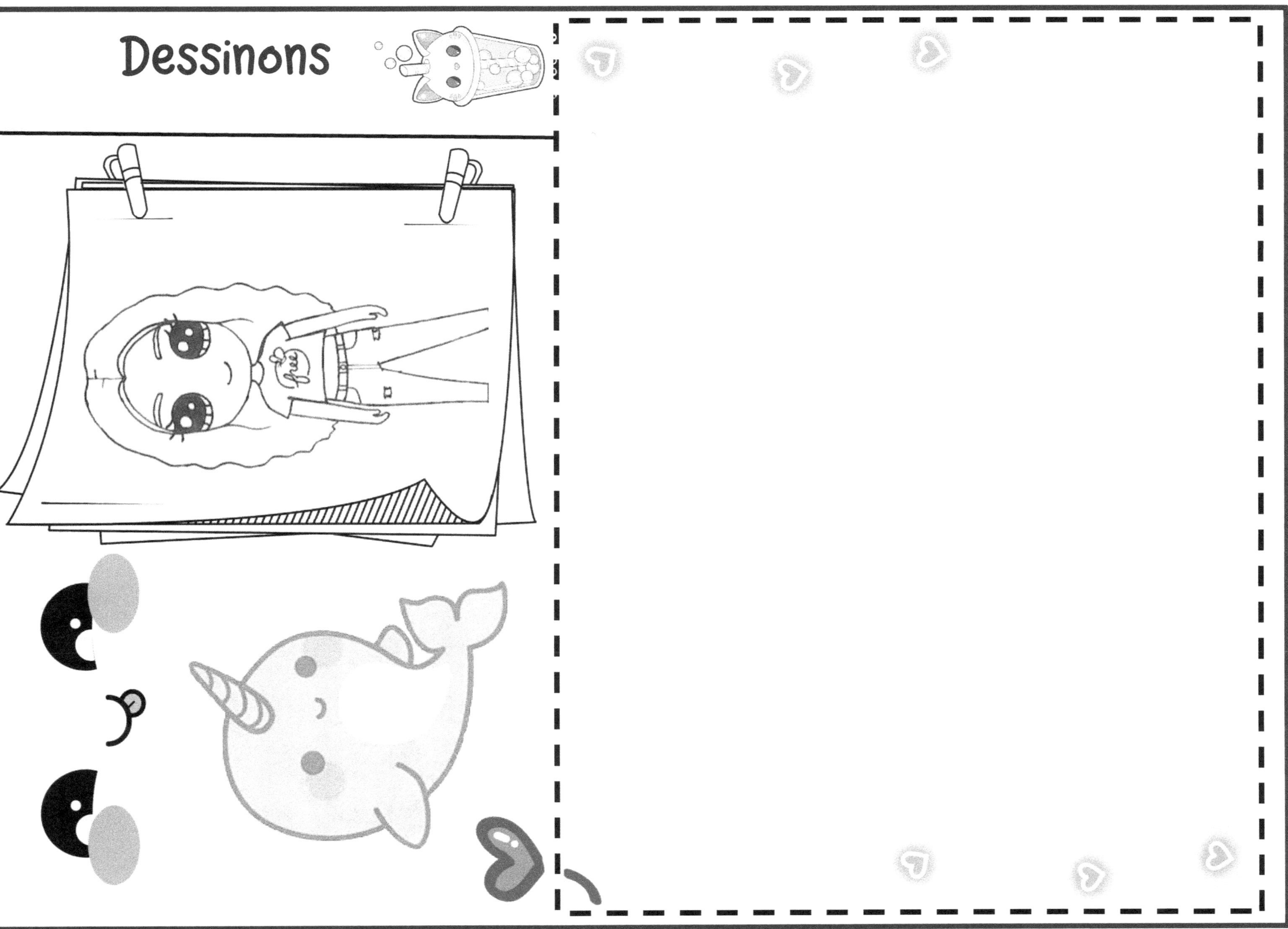
Dessinons

1
2
3
4
5
6
7
8
9
10

Dessinons

1
2
3
4
5
6
7
8
9
10

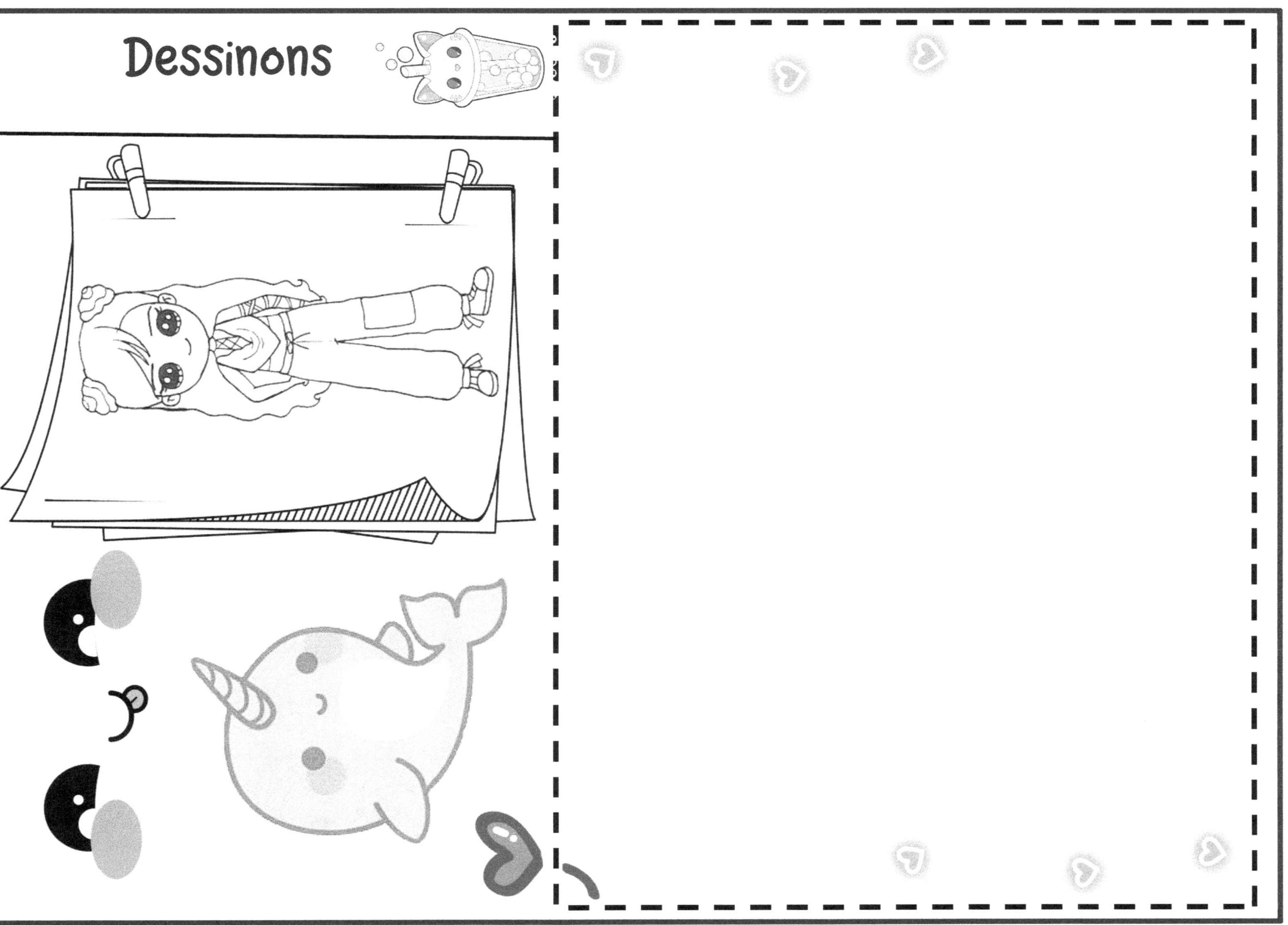

Dessinons

1
2
3
4
5
6
7
8
9
10

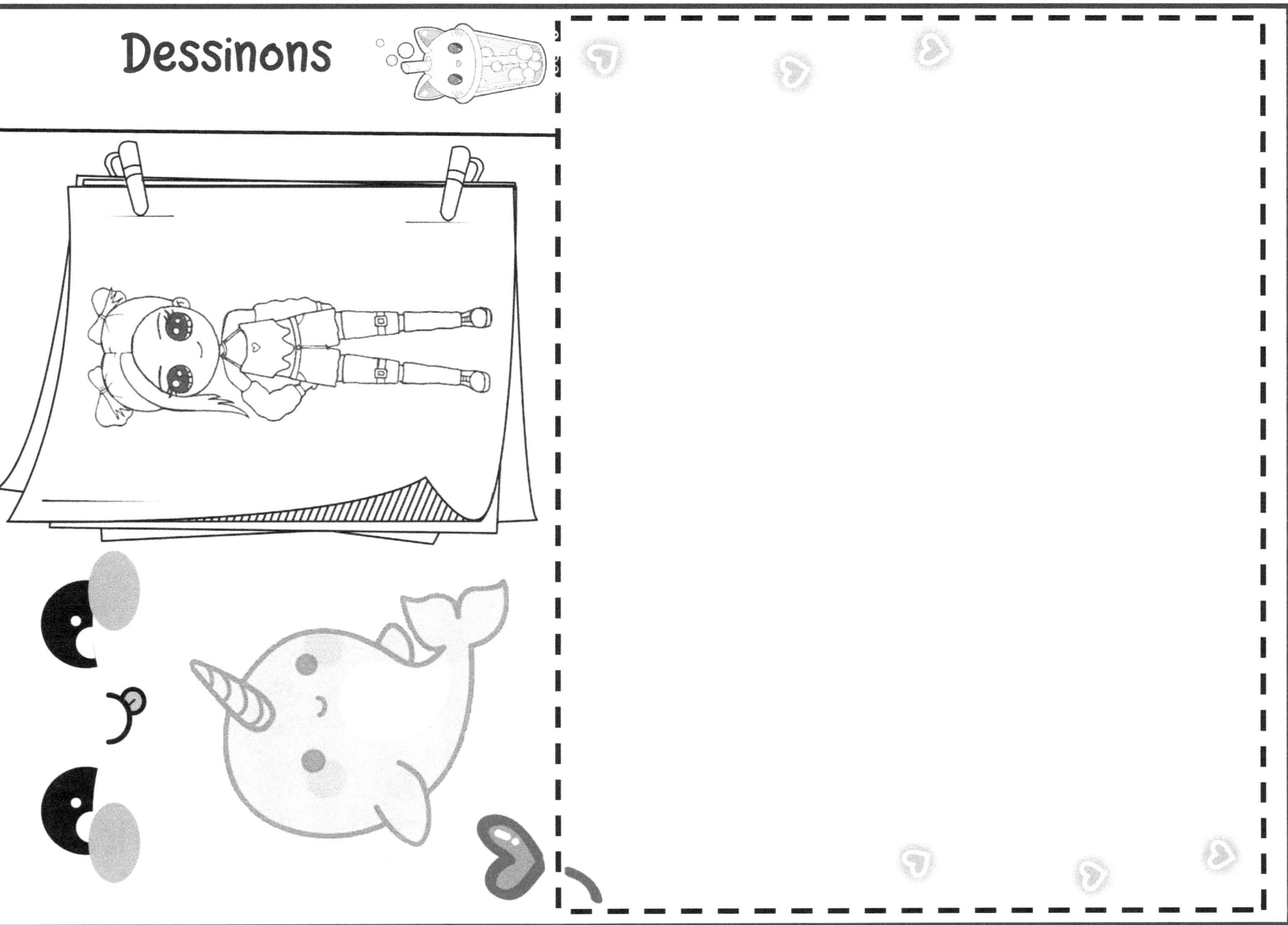
Dessinons

Dessinons

1
2
3
4
5
6
7
8
9
10

Dessinons

1

2

3

4

5

6

7

8

9

10

Dessinons

1
2
3
4
5
6
7
8
9
10

Dessinons

1
2
3
4
5
6
7
8
9
10

Dessinons

1
2
3
4
5
6
7
8
9
10

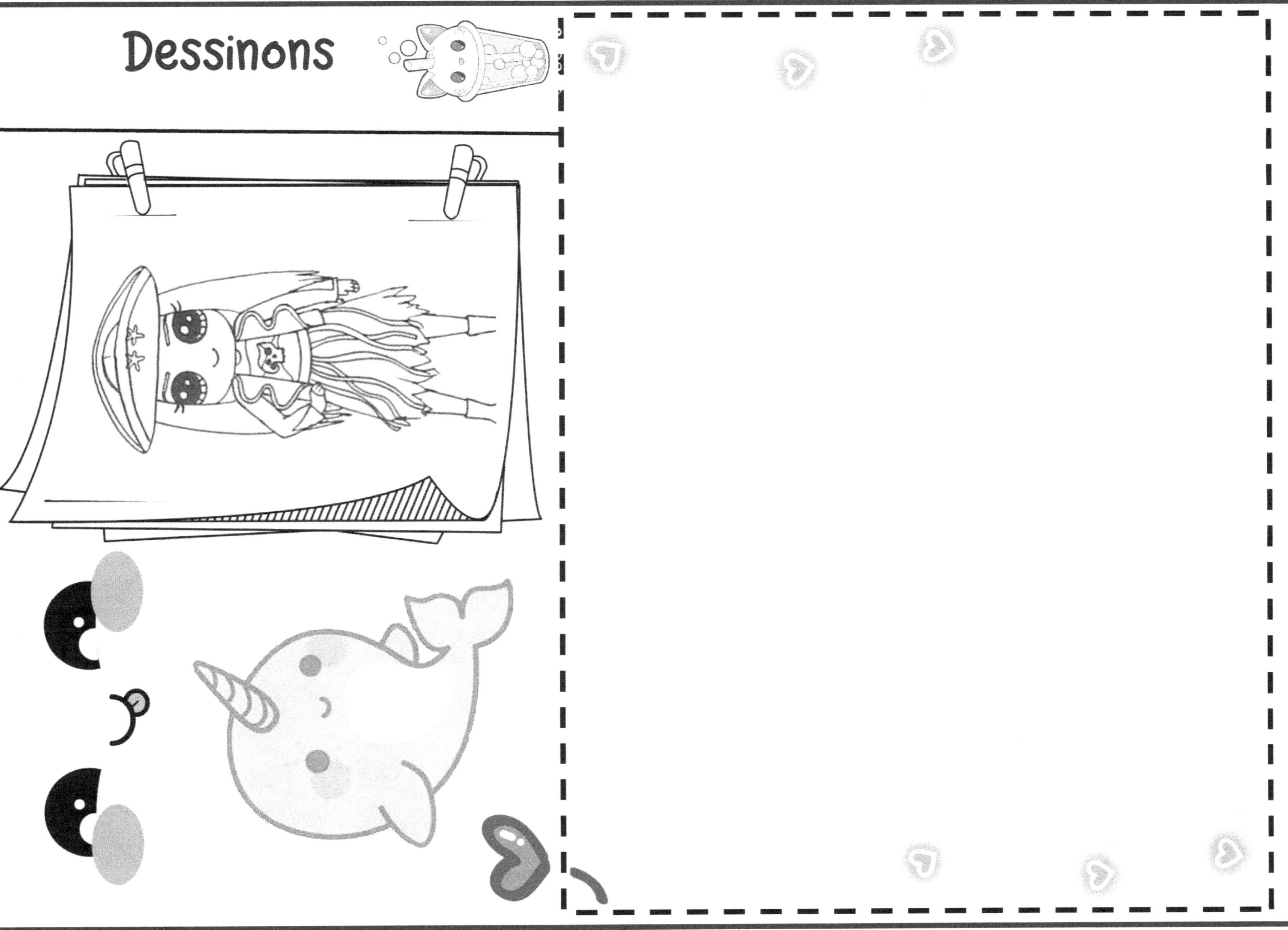

Dessinons

1
2
3
4
5
6
7
8
9
10

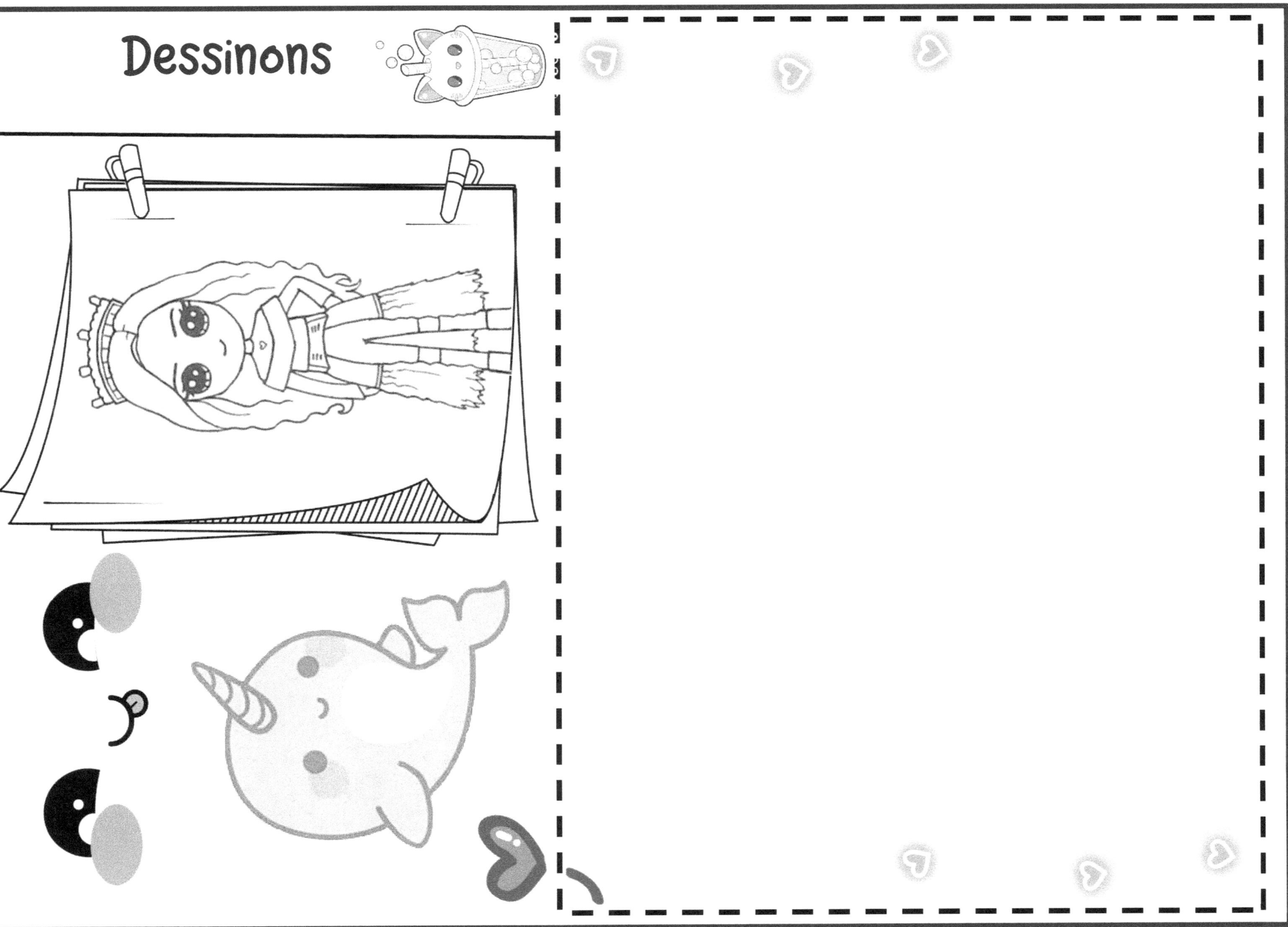

Dessinons

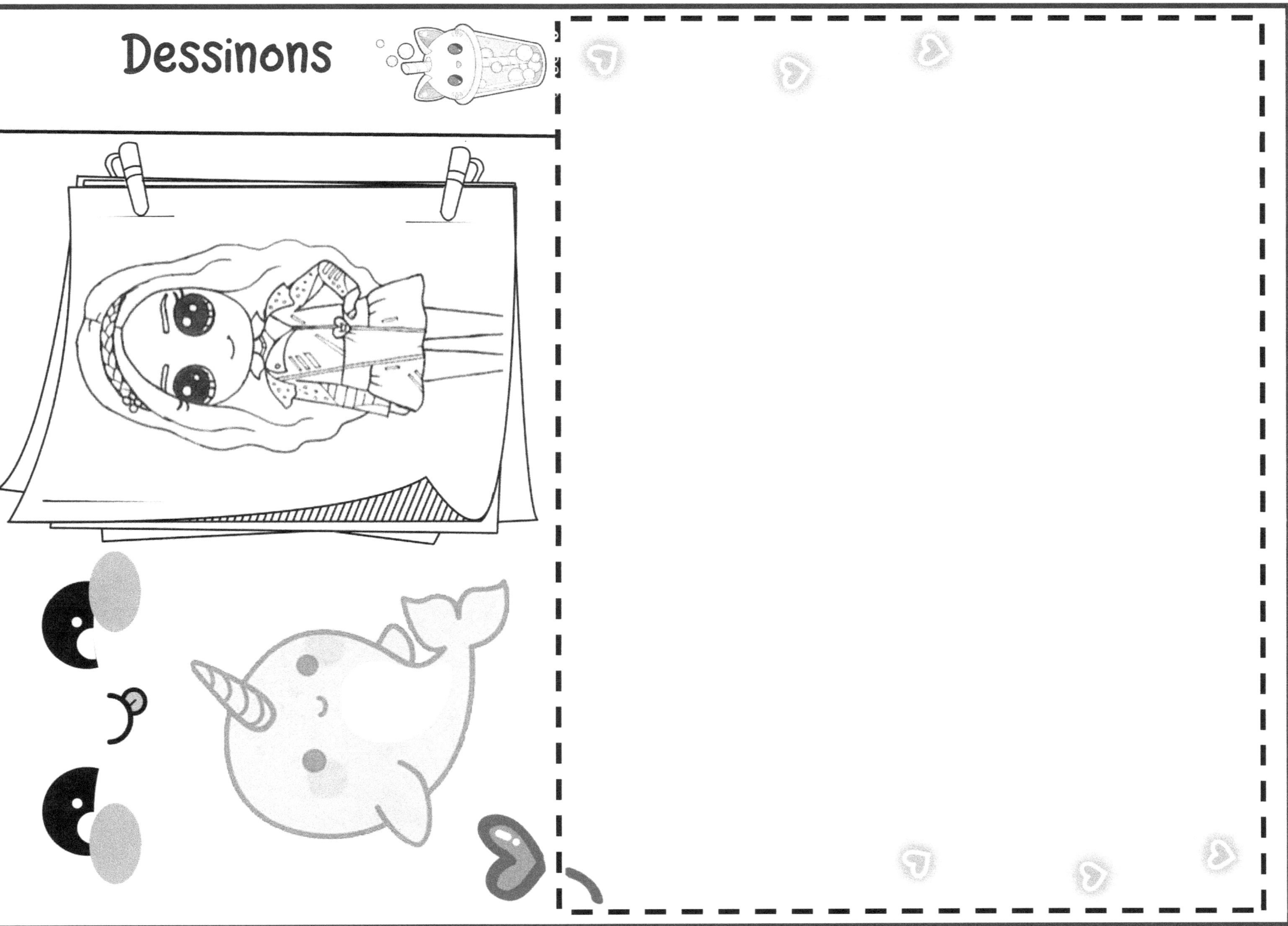Dessinons

1
2
3
4
5
6
7
8
9
10

Dessinons

1

2

3

4

5

6

7

8

9

10

Dessinons

Merci d'avoir choisi ce livre. Nous espérons que vous avez apprécié chaque page de ce livre et que vous avez appris à dessiner étape par étape et à créer votre propre art.